SEJA OBCECADO
OU SEJA MEDIANO

SEJA OBCECADO
OU SEJA MEDIANO

GRANT CARDONE
Autor do best-seller *10X: A REGRA QUE FAZ A DIFERENÇA ENTRE O SUCESSO X FRACASSO*

ALTA LIFE
EDITORA

Rio de Janeiro, 2020

Seja Obcecado ou Seja Mediano

Copyright © 2020 da Starlin Alta Editora e Consultoria Eireli. ISBN: 978-85-508-1393-6

Translated from original Be Obsessed or Be Average. Copyright © 2016 by Grant Cardone. ISBN 9781101981054. This translation is published and sold by permission of Penguin Random House LLC, the owner of all rights to publish and sell the same. PORTUGUESE language edition published by Starlin Alta Editora e Consultoria Eireli, Copyright © 2020 by Starlin Alta Editora e Consultoria Eireli.

Todos os direitos estão reservados e protegidos por Lei. Nenhuma parte deste livro, sem autorização prévia por escrito da editora, poderá ser reproduzida ou transmitida. A violação dos Direitos Autorais é crime estabelecido na Lei nº 9.610/98 e com punição de acordo com o artigo 184 do Código Penal.

A editora não se responsabiliza pelo conteúdo da obra, formulada exclusivamente pelo(s) autor(es).

Marcas Registradas: Todos os termos mencionados e reconhecidos como Marca Registrada e/ou Comercial são de responsabilidade de seus proprietários. A editora informa não estar associada a nenhum produto e/ou fornecedor apresentado no livro.

Impresso no Brasil — 1ª Edição, 2020 — Edição revisada conforme o Acordo Ortográfico da Língua Portuguesa de 2009.

Produção Editorial
Editora Alta Books

Gerência Editorial
Anderson Vieira

Gerência Comercial
Daniele Fonseca

Produtor Editorial
Illysabelle Trajano
Juliana de Oliveira
Thiê Alves

Assistente Editorial
Adriano Barros

Marketing Editorial
Lívia Carvalho
marketing@altabooks.com.br

Coordenação de Eventos
Viviane Paiva
eventos@altabooks.com.br

Editores de Aquisição
José Rugeri
j.rugeri@altabooks.com.br
Márcio Coelho
marcio.coelho@altabooks.com.br

Equipe Editorial
Ian Verçosa
Keyciane Botelho
Laryssa Gomes
Leandro Lacerda
Maria de Lourdes Borges

Raquel Porto
Rodrigo Dutra
Thales Silva

Equipe Design
Ana Carla Fernandes
Larissa Lima
Paulo Gomes
Thais Dumit
Thauan Gomes

Tradução
Joris Bianca da Silva

Copidesque
Jana Araujo

Revisão Gramatical
Leonardo Macedo
Gabriella Araújo

Diagramação
Luisa Maria Gomes

Publique seu livro com a Alta Books. Para mais informações envie um e-mail para autoria@altabooks.com.br

Obra disponível para venda corporativa e/ou personalizada. Para mais informações, fale com projetos@altabooks.com.br

---

Erratas e arquivos de apoio: No site da editora relatamos, com a devida correção, qualquer erro encontrado em nossos livros, bem como disponibilizamos arquivos de apoio se aplicáveis à obra em questão.

Acesse o site **www.altabooks.com.br** e procure pelo título do livro desejado para ter acesso às erratas, aos arquivos de apoio e/ou a outros conteúdos aplicáveis à obra.

Suporte Técnico: A obra é comercializada na forma em que está, sem direito a suporte técnico ou orientação pessoal/exclusiva ao leitor.

A editora não se responsabiliza pela manutenção, atualização e idioma dos sites referidos pelos autores nesta obra.

Ouvidoria: ouvidoria@altabooks.com.br

Rua Viúva Cláudio, 291 — Bairro Industrial do Jacaré
CEP: 20.970-031 — Rio de Janeiro (RJ)
Tels.: (21) 3278-8069 / 3278-8419
www.altabooks.com.br — altabooks@altabooks.com.br
www.facebook.com/altabooks — www.instagram.com/altabooks

Este livro é dedicado à minha esposa, Elena Lyons Cardone. Por mais de 20 anos, fui obcecado por encontrar a mulher perfeita para mim. Essa vontade era tão poderosa que vendi minha casa em La Jolla e me mudei para Los Angeles achando que ela estaria lá. Eu a conheci na primeira noite que passei na cidade — e fiquei obcecado com a ideia de torná-la minha esposa desde o momento em que a vi. Embora tenha demorado um pouco para que Elena enxergasse quem eu realmente era, desde o momento em que ela descobriu, nunca tentou me mudar. Há 13 anos, ela me inspira e me incentiva. Não disse uma única vez que trabalho demais nem me pediu para arrumar mais tempo para ela. É uma parceira e amiga incrível, uma esposa maravilhosa e uma mãe fantástica. Obrigado, E.

AGRADECIMENTOS

Devo agradecimentos especiais a várias pessoas que me forneceram material da própria vida para criar este livro e àquelas que trabalharam comigo para escrevê-lo e terminá-lo.

Primeiro, à minha família original: ao meu pai, que morreu quando eu tinha 10 anos e me ensinou o valor da ética profissional sem jamais dizer algo sobre isso, e à minha mãe, que salvou minha vida em diversas ocasiões: obrigado por tornar possível que eu pudesse tentar ter a vida que tenho hoje.

À minha esposa, Elena, o prêmio da minha vida, que nunca insinuou que eu trabalho demais nem que meus sonhos são impossíveis e que também, por outro lado, me incentiva a conquistar ainda mais. Às minhas duas lindas meninas, Sabrina e Scarlett, que correm pela casa gritando "Seja obcecado ou seja mediano, papai, termine o livro!" Eu não teria conseguido sem vocês.

À Sheri Hamilton, minha diretora de operações e confidente mais fiel, que cuida de mim e dos meus interesses com amor todos os dias e que lida com esse controlador que sou melhor que qualquer pessoa que já conheci. Obrigado a toda minha equipe em Miami, que me apoia em toda minha espontaneidade e mudanças de última hora. Sei que, na maior parte do tempo, é como viver no meio de um furacão de categoria 5 que nunca passa.

Meu mais profundo apreço ao meu amigo e filantropo Bob Duggan, que mudou minha vida quando disse: "Faça a diferença positivamente."

A Steve Carlis e Hank Norman da 2 Market Media, que acreditaram em mim, mesmo sendo o maníaco que sou, e me apresentaram à minha agente literária, Nena Madonia Oshman, que foi incrível ao longo do processo. Ao pessoal da Penguin Random House; ao meu editor, Adrian Zackheim; e especialmente à minha editora, Natalie Horbachevsky, que realmente entendeu o livro e adorou a ideia da sessão de fotos, me deixando dançar no meu avião. Muito obrigado ao fotógrafo Rainer Hosch e a Chris Sergio, o diretor de arte que me deixou ser eu mesmo na sessão de fotos e garantiu um dos dias mais divertidos da minha vida.

E aos meus amigos muitíssimo especiais da igreja que dedicaram suas vidas a tornar a verdade e a liberdade uma realidade. Devo minha gratidão a todos vocês. Quando eu tinha 45 anos, estas foram as primeiras pessoas a me dar permissão para ficar Obcecado pelas Minhas Obsessões: Gavin, Charmaine, Vanessa, Josh, Sonya, Mandy, Tyler, Carol, Nancy, Bob, Ken, David e Ron.

E a todos os pessimistas e *haters* que tentaram me deter, vocês não têm ideia de quanto continuam a reforçar minha criatividade, minha persistência e meus sonhos. Aos muitos conselheiros confusos e psicólogos patéticos que tentaram colar rótulos inventados em mim e me receitar remédios: toda vez que eu me deparava com seus besteiróis de confusão, desinformação e soluções zumbiescas, minha escolha ficava ainda mais clara.

Finalmente, à minha família estendida, que são meus milhões de seguidores nas redes sociais. A vocês que seguem minhas postagens, artigos, tuítes, *streams*, vídeos e *snaps*, obrigado por abastecer minha obsessão com seu entusiasmo e engajamento. E um obrigado a mais para os que me lisonjeiam compartilhando meu nome e trabalho com os amigos e família.

Se você ou alguém que ama tiver sido rotulado, drogado ou estiver viciado pelos tipos errados de obsessões, recomendo conferir umas das referências a seguir.

CCHR.pt: A Comissão dos Cidadãos para os Direitos Humanos (CCHR) é um grupo de vigilância em saúde mental sem fins lucrativos responsável por ajudar a passar mais de 150 leis para proteger indivíduos de práticas abusivas ou coercivas. A CCHR há muito luta para restaurar os direitos humanos básicos e inalienáveis no campo da saúde mental, como o consentimento informado a respeito da legitimidade médica de diagnósticos psiquiátricos, os riscos dos tratamentos psiquiátricos, o direito a todas as alternativas médicas disponíveis e o direito a recusar qualquer tratamento considerado lesivo, entre outros.

MundoSemDrogas.org.br: A Fundação para um Mundo sem Drogas é uma corporação de benefício público sem fins lucrativos que dá poder a jovens e adultos com informações factuais sobre as drogas para que possam tomar decisões bem embasadas e viver livres de drogas.

SUMÁRIO

INTRODUÇÃO	1
CAPÍTULO 1 **A OBSESSÃO SALVOU MINHA VIDA — E VAI SALVAR A SUA**	7
CAPÍTULO 2 **A OBSESSÃO É SUA ÚNICA OPÇÃO**	21
CAPÍTULO 3 **COM O QUÊ FICAR OBCECADO**	39
CAPÍTULO 4 **ALIMENTE A FERA**	51
CAPÍTULO 5 **MATE A DÚVIDA DE FOME**	67
CAPÍTULO 6 **DOMINE PARA VENCER**	93
CAPÍTULO 7 **SEJA PERIGOSO**	111

CAPÍTULO 8	129
OBCECADO POR VENDAS	
CAPÍTULO 9	141
PROMETA MUITO E ENTREGUE DEMAIS	
CAPÍTULO 10	159
MONTE UMA EQUIPE OBCECADA	
CAPÍTULO 11	183
SEJA CONTROLADOR	
CAPÍTULO 12	193
OBCECADO PELA PERSISTÊNCIA	
CAPÍTULO 13	205
OBSESSÃO PARA SEMPRE	
RECURSOS	217
GLOSSÁRIO	219
REFERÊNCIAS	225

INTRODUÇÃO

Minha vida inteira, as pessoas disseram que minha obsessão pelo sucesso é algo ruim.

Já fui chamado de viciado em trabalho, compulsivo, obsessivo, nunca satisfeito, desequilibrado, tirânico e alguém com quem é impossível trabalhar. Já me disseram que sou muito exigente e que tenho expectativas exorbitantes sobre mim e sobre os outros. "Profissionais" já sugeriram que eu tenho deficit de atenção, hiperatividade, TOC e muito mais. Amigos e parentes já me falaram para desencanar, me acalmar, relaxar, ficar de boa.

A verdade é que, não importa o quanto eu tenha tentado conter ou controlar minha obsessão pelo sucesso, ela foi a responsável por eu estar onde me encontro hoje. Minhas obsessões me levaram de uma situação em que estava, aos 25 anos, perdido e falido em todos os aspectos, até chegar a ser proprietário de cinco empresas com vendas de US$100 milhões por ano, tendo sido listado entre os 10 CEOs mais influentes do mundo e autor de cinco best-sellers do *New York Times*; palestrante internacionalmente aclamado; um marido atencioso; um bom pai de duas meninas e um membro que contribui para a sociedade.

Não estou me gabando: só quero deixar bem claro que o que consegui na vida não foi por causa de alguma invenção, golpe de sorte, conchavo ou por alguma inteligência especial. Estou onde estou hoje porque assumi minha obsessão pelo sucesso.

Dito isso, antes de ter me permitido assumir minha obsessão e tomar suas rédeas definitivamente, negá-la quase me matou. Aprendi do jeito difícil que negar sua obsessão ou ficar obcecado pela coisa errada pode ser muito destrutivo.

Contarei minha história de descoberta da minha obsessão e de como apenas isso me deu esta supervida que tenho. Compartilharei com você as ferramentas descobertas ao longo do caminho que fizeram a minha obsessão trabalhar a meu favor. Quero lhe dar permissão para ser completamente obcecado e não ter nenhum remorso por isso, independentemente de quem seja, de onde tenha vindo, de como seja sua família ou de qual seja seu grande sonho louco.

Antes de escrever este livro, escrevi *10X: A Regra que Faz a Diferença entre o Sucesso x Fracasso* (Alta Books), um best-seller sobre a importância de pensar e executar coisas em níveis grandiosos. Resumindo: se você vai ter um orçamento para um projeto, ele deve ser de 10X o que considerou inicialmente; se a quantidade de dinheiro que você quer ganhar por ano for US$1 milhão, então, deve definir sua meta como US$10 milhões por ano, para se aproximar do que deseja. O livro *10X* trata de como multiplicar suas metas para alcançar qualquer objetivo.

Depois que publiquei o *10X*, muitas pessoas me escreveram dizendo coisas como "Estou tentando seguir a regra do 10X em minha empresa e estou tendo dificuldade de mantê-la" ou "Essa coisa de 10X está virando minha vida de pernas para o ar". Foi quando percebi que estava faltando uma peça do quebra-cabeça: a ideia de obsessão. A obsessão é a peça faltante, aquela mentalidade que vai permitir que você aplique a regra 10X em sua vida e nos negócios.

É claro que você pode ser bem-sucedido sem obsessão, mas não vai conseguir alcançar aqueles níveis de sucesso de que falo sem ser obcecado. Esse é o fator que todas as pessoas extremamente bem-sucedidas no mundo inteiro têm em comum.

Para lhe mostrar como ficar obcecado e usar essa obsessão para construir seu próprio sucesso, dividi essa mensagem e guia em capítulos mais fáceis de acompanhar.

O primeiro capítulo de *Seja Obcecado ou Seja Mediano* explica como a obsessão salvou minha vida e por que ela é tão importante. Nele, defino obsessão e o que significa para mim. O Capítulo 2 apagará a sabedoria convencional de que o máximo que você pode conquistar é algo mediano e seguro e explicará por que é preciso trocar a mediocridade e a dúvida por uma obsessão ardente, deliberada, selvagem. Depois, no Capítulo 3, veremos como você pode identificar sua própria obsessão. Vou guiá-lo por alguns exercícios essenciais que pode usar para descobrir o que mais quer na vida.

Os próximos capítulos são construídos sobre essa base: guiá-lo pelo duro processo de começar a seguir sua obsessão. Vou provar por que é importante "alimentar a fera" de sua obsessão no Capítulo 4. No 5, vamos explorar por que se deve dar ouvidos às dúvidas, bloquear os pessimistas e acolher os *haters*. O Capítulo 6 fala de todas as formas de controlar sua obsessão que você pode aprender para dominar: seu passado, seu pensamento, seu dinheiro, sua área de expertise e sua marca. O Capítulo 7 explica por que ficar na zona de segurança é a coisa mais perigosa que você pode fazer e como ser, você, perigoso ante as probabilidades contrárias. Esses princípios o guiarão em sua busca pelo sucesso.

Em seguida, passaremos para conselhos práticos de negócios que vão ajudá-lo a tornar sua obsessão real, não só para você, como para todos ao seu redor. No Capítulo 8, vou compartilhar meu mundialmente renomado conhecimento sobre vendas para ajudá-lo a entender a importância das vendas a fim de pôr em prática sua obsessão e como se tornar um marqueteiro, divulgador e vendedor "monstro". O Capítulo 9 se foca em conquistar clientes

— e como prometer muita coisa e fazer muita coisa. No Capítulo 10, vamos tratar das pessoas com quem você trabalha, especialmente funcionários, e vou lhe mostrar como construir no seu entorno uma cultura que seja totalmente alinhada com sua obsessão. Fecharemos o Capítulo 11 com conselhos sobre como ser um verdadeiro líder — ou, em minhas palavras, "como e por que você deve ser obcecado pelo controle". Essas são todas as práticas de que você precisará não só para manter, como para transformar sua obsessão em negócio próspero, lucrativo e poderoso que pode até mesmo criar um setor completamente novo ou provocar uma ruptura no que existe.

Os dois últimos capítulos do livro falam sobre como sustentar sua obsessão ao longo do tempo. No Capítulo 12, abordamos o poder da persistência conforme sua obsessão amadurece e se transforma em algo além do que pode imaginar hoje. E, antes de deixar você ir mudar o mundo, no Capítulo 13, compartilharei dicas e técnicas finais para se tornar, ser e permanecer obcecado.

Todos já lemos livros genéricos que falam para seguir nossos sonhos. Porém, embora possam oferecer inspiração, eles não dizem como realmente fazer uma mudança permanente em sua vida. Este livro será brutalmente honesto. Ele vai partir a casca de mediocridade que a sociedade teceu sobre você. Ele vai ajudá-lo a libertar o poder da obsessão e depois ensiná-lo como cuidar dela e direcioná-la para alcançar seus sonhos mais poderosos.

Quer você seja empreendedor, empresário, inovador, livre-pensador, artista, atleta, inventor, vendedor, criativo ou engenheiro, sei que é alguém que busca o sucesso e se recusa a sossegar. Este livro vai incentivar aquele seu monstro interno que não consegue desistir, não vai desistir, que não tira o pé do acelerador.

Vou ajudá-lo a estabelecer sua marca e seu negócio e lhe mostrar como levá-lo a alturas vertiginosas apesar de todos os obstáculos e concorrência. Isso porque a obsessão é o componente crítico do sucesso — imprescindível para estratégia, timing, concorrência ou pessoas. Ela oferece o método para viver a verdadeira liberdade e ter total controle sobre sua vida — nos campos pessoal, financeiro e emocional.

INTRODUÇÃO

Quando você ficar obcecado sem dar satisfação a ninguém, como eu, chegará ao seu auge: hiperfocado, persistente além da compreensão, criativo ao ponto de parecer mágico e com uma determinação insaciável para vencer que não só atrai grande talento, mas também faz com que os outros se esforcem ao máximo. Esse nível de obsessão não significa que você é egoísta ou egocêntrico, significa que finalmente agirá conforme sempre deveria ter agido e que pode erguer os outros ao seu redor para atingir seu pleno potencial e todas as suas possibilidades.

Os obcecados são aqueles que constroem as indústrias, os que provocam rupturas, os titãs, aqueles que fazem a diferença, são lendas vivas que os outros admiram e querem imitar. O obcecado não é aquele que simplesmente faz o mundo girar; ele faz com que valha a pena viver no mundo.

Meu objetivo é que este livro influencie você e milhões de outras pessoas ao redor do mundo a criar um novo movimento. Um movimento em que nós demos uns aos outros a permissão para acolher e alimentar nossas obsessões.

Imagine se todo mundo se jogasse total e completamente em suas obsessões, sem acanhamento, arrependimento ou justificativas. Da noite para o dia, o mundo seria um lugar diferente e melhor. Com todo mundo tão focado em sua própria produção e na criação do próprio sucesso, não haveria tempo para guerras, drogas ou qualquer outro tipo de atividade destrutiva ou desnecessária. Todos alcançaríamos níveis de sucesso antes considerados impossíveis e inspiraríamos uns aos outros a fazer cada vez mais.

Se você topar de verdade, se estiver pronto para assumir a responsabilidade por sua vida e seu negócio, preparado para mudar seu futuro e o mundo, então, vire a página.

CAPÍTULO 1

A OBSESSÃO SALVOU MINHA VIDA – E VAI SALVAR A SUA

Para que você entenda como me tornei bem-sucedido e descobri o maravilhoso poder da obsessão, primeiro, preciso mostrar como negá-la quase arruinou minha vida.

Não é uma história bonitinha, mas é minha história real. E eu não me surpreenderia se você encontrasse alguns paralelos com sua própria vida.

AS RAÍZES DE MINHA OBSESSÃO

Eu não tive um pai para me guiar para a terra dos ricos, me emprestar 1 milhão de dólares para minha primeira compra de imóvel, ajudar com conexões políticas me apresentando a pessoas em clubes seletos, nem me mostrar os caminhos dos negócios.

Meus pais eram filhos de imigrantes italianos que chegaram aos Estados Unidos no começo dos anos 1900. Papai foi o primeiro em sua família a ir para a faculdade. Ele foi um jovem ambicioso com um espírito empreendedor e acreditava que o sonho americano estava ao seu alcance, começando com uma pequena mercearia que ele e minha mãe operavam.

Meu pai era obcecado pelo sucesso porque ele acreditava que cuidar da família era seu primeiro dever. Desde bem cedo, percebi que a missão número um na vida do meu pai era sustentar a família: colocar um teto sobre nossas cabeças e garantir que tivéssemos comida, roupas e estudos.

Alguns anos antes de eu nascer, papai assumiu um ambicioso plano de dar início à sua própria companhia de seguros com alguns sócios. Não sei todos os detalhes do que aconteceu com essa companhia, mas os sócios o chutaram e ele acabou em uma situação difícil. Aos 42 anos de idade, meu pai se viu sem trabalho, com três filhos para sustentar e minha mãe esperando gêmeos (eu e meu irmão gêmeo, Gary). Ele teve que recomeçar. Decidiu usar o pouquinho de dinheiro que tinha na poupança para se tornar corretor de ações certificado, embarcando em mais uma nova carreira.

Graças à sua ética profissional e sua obsessão em sustentar a família, a nova empreitada começou a compensar. Ele comprou um carro novo, um Lincoln Town Car, do qual se orgulhava muito. Logo depois do meu aniversário de oito anos, nós nos mudamos para um novo lar: uma propriedade de pouco mais de meio hectare à beira de um lago. Possuíamos um barco de pesca, uma moto aquática e um trator cortador de grama. Médicos, que na época eram as pessoas mais bem-sucedidas da sociedade, eram nossos vizinhos. O trabalho árduo e o sucesso do meu pai na corretora de ações colocou nossa família na classe média. Eu frequentemente escutava meus pais conversando sobre como "tínhamos conseguido". Mesmo sendo criança, sabia que algo especial tinha acontecido.

Os dois anos seguintes com minha família naquela casa à beira do lago foram uma parte maravilhosa da minha infância... mas não durou muito. Apenas um ano e meio após ter comprado sua casa dos sonhos, ele morreu jovem, aos 52 anos, de uma doença cardíaca.

Minha mãe se viu viúva aos 48 anos, com cinco filhos, um pouco de dinheiro do seguro de vida e uma casa grande no interior que exigia atenção constante. Ela não tinha nenhuma habilidade profissional que pudesse usar no mercado de trabalho para conseguir uma renda para casa; havia dedicado sua vida a ser mãe e esposa. E, agora, tinha que descobrir como conservar o dinheiro que meu pai havia deixado e fazê-lo render até os filhos se formarem na faculdade.

Foi um grande desafio, já que ela não tinha formação superior e nenhum potencial para obter renda. Ela tinha crescido durante a Grande Depressão e não queria ver sua família passando dificuldades como as pessoas daquela época. Então, ficou obcecada, eu diria, com garantir que o pouquinho de dinheiro que meu pai tinha deixado fosse suficiente para a gente se virar.

Minha mãe via tudo como uma despesa futura e uma ameaça, então, começou a fazer cortes. Ela logo pôs a casa dos sonhos do meu pai à venda. Fomos forçados a nos mudar para a cidade, para uma casinha de tijolos em um terreno minúsculo, cercada de casas que eram todas iguais. O lago já era; não tinha mais passeio de barco, pescaria, coleta de caranguejos nem caça pertinho de casa. Fiquei devastado.

Em nossa nova casa, havia luto — todos sentíamos falta do meu pai. Além disso, minha mãe estava assustada, e eu conseguia sentir. Havia medo constante nela. Enquanto outros meninos da minha idade saíam para praticar esportes, caçar e pescar com os pais, eu ficava em casa observando minha mãe recortar cupons de descontos, sempre preocupada com o custo das necessidades básicas e tal. Minha mãe tirava leite de pedras. A mentalidade econômica dela foi parte de tudo que fizemos.

Na época, ela vivia me lembrando de como eu era sortudo e deveria ser grato por tudo que tínhamos. Sempre dizia "Seu pai nos colocou na classe média: nós temos mais que a maioria das pessoas". Eu vivia ouvindo isso. "Nunca tome nada disso como certo."

Eu tentava ser grato e dar valor a tudo que tínhamos, mas nunca aceitei muito bem. Tudo me parecia muito ferrado. Eu tinha dez anos, meu pai estava morto, a casa dos sonhos já era, minha mãe vivia com medo, e eu tinha que ser grato? Eu não estava grato, estava puto!

Eu não sabia então, mas essa época semeou em mim o que me moveria na vida. Por mais que amasse, admirasse e valorizasse minha mãe pelo que ela tinha feito, não deixando nos faltar roupas, alimento e um teto, eu não queria viver minha vida em um constante estado de preocupação. Aos 16 anos, prometi à minha mãe: "Quando eu crescer, vou ficar rico para nunca ter que me preocupar com falta de dinheiro. E, quando ficar, vou ajudar um monte de gente. Ser de classe média é uma droga. Eu vou vencer na vida!"

Assim que disse isso, sabia que soava como adolescente indolente, mimado, ingrato, desrespeitoso, rebelde e esnobe. Minha mãe estava com aquela cara que todos os pais fazem quando um filho passa dos limites. Ela estava furiosa, decepcionada e frustrada. Ainda assim, experimentei uma enorme sensação de impotência, sabendo que não podia fazer nada a respeito na época.

Meus chiliques se tornaram cada vez mais comuns. E quanto mais eu os tinha, mais sabia que estava ao mesmo tempo errado e certo. Sabia que tinha que ser grato — tantas pessoas tinham muito menos que a gente. Mas também sabia que havia verdade no que eu pensava. Por que alguém deveria ter dinheiro suficiente só para sobreviver, e ainda ter que se preocupar com isso? Quando as coisas se acalmavam, eu tentava explicar à minha mãe que não era que não desse valor a tudo que ela fez por nós ou que não fosse grato por tudo que tínhamos. A realidade é que eu continuaria tendo essas discussões mentais sobre escassez e dinheiro, avançar/recuar, estar certo/errado por muitos anos ainda.

Toda vez que eu estourava, minha mãe (e, mais tarde, minhas namoradas e amigos) sempre dizia a mesma coisa: "Mas nós estamos tão melhor que outras pessoas." Nunca entendi essa resposta. Primeiro, o que os outros têm a ver com minha vida? Segundo, sempre que eu me comparava com outras pessoas que tinham mais — pessoas que estavam vivendo de fato —, minha mãe, namoradas e amigos respondiam: "Não se compare aos outros." Eu estava sempre errado.

Eu vivia repetindo para mim mesmo: *um dia vou ser muito bem-sucedido*. Mas parei de dizer para minha mãe, porque, toda vez, ela se abaixava, me abraçava e dizia: "Por que você simplesmente não consegue ser grato pelo que temos?" Depois, ela começava a falar mais uma vez como cresceu cuidando de cinco irmãos, sem dinheiro e sem saber de onde viria a próxima refeição.

Esse era o ciclo: ela vivia tentando me dissuadir do que eu achava possível e do que queria. Não importava quantas vezes eu tentasse me convencer da lógica da minha mãe, ela nunca fez sentido para mim. Papai se mata de trabalhar, finalmente se dá bem, compra a casa dos sonhos, morre e deixa a família apavorada toda vez que vamos ao mercado porque estamos preocupados com ficar sem dinheiro? Ehr... Não, obrigado.

Em retrospecto, eu era o único que estava conseguindo entender como o mundo funcionava de verdade.

OBCECADO PELAS COISAS ERRADAS

Eu era incapaz de fazer algo para remediar a situação da família naquela época: era jovem, estava frustrado e, francamente, não sabia como. Com muito tempo livre e nenhuma orientação, me ocupei sendo um adolescente problemático.

No ensino médio, eu dava muito trabalho. Era insolente e cheio de opiniões; era bagunceiro na aula e vivia sendo expulso de sala. Some-se a isso o fato de andar com as namoradas dos atletas, então, toda semana me metia em brigas com o time de futebol americano da escola. Em geral, eu causava mais problemas do que minha mãe conseguia lidar.

Quando eu terminei o ensino médio, me meti com a galera errada: bebendo, fumando e experimentando drogas. As drogas se tornaram um problema rotineiro na minha vida. Comecei a fumar maconha aos 16 e, aos 19, estava usando qualquer coisa que aparecesse. Tirando heroína, experimentei de tudo. Desenvolvi um problema sério com drogas.

Acabei indo para a faculdade, porque minha mãe prometeu ao meu pai, antes da morte dele, que seus filhos estudariam. Eu me sentia obrigado a ir, embora não visse sentido naquilo. Desperdicei cinco longos anos na faculdade, nunca prestando atenção às aulas, não aproveitando quase nada, mas, mesmo assim, mantendo notas boas o suficiente para continuar matriculado. Acabei recebendo um diploma em contabilidade, que eu não tinha nenhuma intenção de usar, e com uma dívida estudantil de US$40 mil.

A coisa estava feia. Aos 23 anos, eu estava uns 11kg abaixo do peso e com uma péssima aparência por causa das drogas. Tinha virado a ovelha negra da família. Apesar das pretensões de ser rico que verbalizava antes, me vi sem nenhuma habilidade, autoestima ou direção. Consegui arranjar um emprego numa revendedora de automóveis, mas era um trabalho sem perspectiva de crescimento para mim.

Até que veio a pancada. Como resultado de andar com as pessoas erradas e ficar obcecado pelas coisas erradas, quase acabei com minha vida. Passei três dias no hospital após levar uma surra e quase morrer de hemorragia em meu apartamento. Precisei levar 75 pontos na cabeça e no rosto. Nem minha mãe me reconhecia. As cicatrizes ainda são visíveis no meu rosto hoje, ao redor dos olhos e da boca.

As pessoas que mais me amavam e acreditavam em mim não tinham ideia de como me ajudar. Nem mesmo apanhar até quase morrer na minha própria casa me fez mudar. Todo dia eu me prometia: "Não vou mais usar drogas", só para, momentos depois, estar usando as mesmas drogas que prometi não usar mais.

Na verdade, nada mudou nos dois anos seguintes. Continuei me drogando diariamente. Eu odiava tudo em minha vida na época: meu trabalho, o ramo de automóveis, os colegas de trabalho, as pessoas com quem andava, o apartamento em que morava. Eu me odiava também. A única coisa com que me importava ainda era meu cachorro, um doberman de 63kg chamado Capo, que eu já tinha havia seis anos — e até com o Capo eu já estava começando a ser negligente. Virei uma preocupação para todos que me amavam e uma decepção para muitos que queriam acreditar em mim. Estava duro e destruído, financeira, emocional, espiritual e até fisicamente.

No fim de semana do meu 25º aniversário, fui visitar minha mãe na casa dela, não muito longe do apartamento deprimente que eu alugava por US$275 por mês. Apareci na casa dela chapado, falando enrolado e com a língua inchada por causa de barbitúricos. Minha mãe, exasperada, finalmente me deu um grande ultimato: "Não volte mais aqui até dar um jeito na sua vida."

Eu sabia que tinha que mudar ou ia morrer sem sequer ter uma chance de provar — para mim ou para ela — que poderia ser alguém na vida.

Quando disse para o dono da revendedora de automóveis que eu precisava conseguir ajuda para o meu problema com drogas, ele falou para me virar sozinho. Foi a primeira vez que eu disse a alguém que não conseguia. Disse a ele: "Se eu conseguisse parar sozinho, teria parado cinco anos atrás."

Alguns dias depois, com a ajuda de um amigo da família, me internei numa clínica de reabilitação. Estava apavorado e esperançoso.

Vinte e nove dias depois, quando a cobertura do meu seguro de saúde acabou e o centro de tratamento não estava mais recebendo pelo meu tratamento, fui mandado de volta para o mundo que havia deixado. A única coisa boa do tratamento foi que descobri que conseguia ficar 29 dias sem drogas.

Quando estava saindo, o conselheiro que estava encarregado de mim me jogou um balde de água fria. Ele disse: "Você nunca vai conseguir. Você é uma pessoa defeituosa. Tem uma personalidade viciante. Tem uma doença da qual jamais vai se curar. Você não tem poder nem controle sobre sua doença nem sobre sua vida e as chances de não usar drogas de novo são zero. A coisa mais eficaz que você pode fazer com sua vida a esta altura é nunca mais usar. Se você se focar em qualquer outra coisa, vai fracassar. Jogue fora todas as suas ideias grandiosas de dinheiro, fama e sucesso."

Caramba. Que mensagem motivacional.

Eu tinha dado um grande passo ao procurar ajuda, e, embora o centro de tratamento tivesse me dado a chance de me livrar das drogas, ele não me reabilitou de jeito nenhum, nem cuidou das razões pelas quais eu tinha começado a me drogar. Deixei aquele lugar tão destruído quanto havia entrado. Na verdade, minha incerteza sobre a minha vida e minhas capacidades estavam maiores porque eu não estava mais intoxicado. E é isso que eles chamam de "recuperação"? Eu não tinha me recuperado. Também estava vivamente ciente, pela primeira vez, de como eu era frágil.

Quando cruzei a porta de saída do centro de tratamento, fiz um compromisso pessoal de nunca voltar para as drogas — e usar minha "personalidade viciante", que o conselheiro se esforçou tanto para me convencer de que seria minha derrocada, para reconstruir minha vida.

REACENDENDO MINHA OBSESSÃO PELO QUE É BOM

De volta à porcaria do meu apartamento, tendo só meu cão como companhia, me sentei na cozinha com uma folha de papel.

Na reabilitação, faziam a gente escrever muito, mas era tudo sobre o passado, sobre seus estragos e experiências ruins. "Chega disso", pensei. Eu precisava olhar para o futuro. Precisava parar de me focar em onde estava e começar a olhar para onde queria ir.

Comecei a escrever o que queria fazer da minha vida. Queria deixar minha família orgulhosa de mim. Queria ficar orgulhoso de mim. Queria desesperadamente provar que o conselheiro estava errado. Escrevi que queria desfazer todo o estrago que tinha feito e me tornar um membro respeitável da sociedade. Queria provar para o mundo que eu tinha algum valor. Queria ser bem-sucedido e rico, um empresário respeitado e alguém que poderia ajudar os outros, como tinha dito à minha mãe que faria. As coisas simplesmente começaram a fluir conforme me dei permissão para escrever sobre minha nova vida. Escrevi mais: sobre querer escrever livros um dia, sobre me tornar um grande vendedor. Escrevi até sobre me tornar marido e pai.

Lembrei-me do que tinha dito à minha mãe quando tinha 16 anos, antes de tudo dar errado: "Quando eu crescer, vou ficar rico para nunca ter que me preocupar com falta de dinheiro. E, quando ficar, vou ajudar muitas pessoas." Naquele momento, percebi que as drogas tinham se tornado um problema para mim não porque estava obcecado por elas, mas porque tinha desistido das coisas pelas quais tinha sido obcecado quando era mais novo, particularmente o sucesso.

Você conhece o velho ditado "Quanto mais eu rezo, mais assombração aparece"? Quando resisti à minha vontade de alcançar a grandeza e suprimi minha obsessão, a energia foi redirecionada para um comportamento destrutivo. Naquela noite, tomei a decisão de nunca mais lutar contra o desejo de ser bem-sucedido e também de ajudar outras pessoas.

Eu sabia que o primeiro passo para voltar aos trilhos do sucesso era me ajudar. Não poderia começar a ajudar outras pessoas até que minha própria vida estivesse em ordem. Eu tinha que reconstruir minha autocrítica antes de conseguir fazer os outros acreditarem e confiarem em mim. Mas, por onde poderia começar? Eu não tinha amigos. Minha ex-namorada, também viciada, agora estava dormindo com o traficante. Tudo que tinha era o emprego na concessionária.

Embora odiasse o emprego, decidi que me dedicaria 100% às vendas e as usaria como meu ponto de partida. Comprometi-me a aprender tudo que pudesse sobre vendas e o ramo automotivo e a usar meu tempo livre para ajudar os outros a saberem a verdade sobre as drogas e como elas são destrutivas. Resolvi pegar toda minha energia obsessiva e redirecioná-la a reconstruir minha vida do jeito que eu queria.

Fui dormir após escrever o manifesto da minha nova vida, me sentindo inspirado e com clareza de pensamento pela primeira vez em anos.

Apareci no trabalho na manhã seguinte uma hora antes — envergonhado, inibido, com medo do que os outros iam pensar de mim, com pouca autoconfiança e sem saber por onde começar. O dono da loja me recebeu de braços abertos, o que foi ótimo. Percebi depois que ele provavelmente tinha salvado minha vida me dando um lugar para reorganizá-la.

Meu primeiro dia de volta foi embaraçoso, mas bom. Consegui fazer vendas. Fiquei no trabalho até mais tarde que todos os outros funcionários, provavelmente com medo de ir para casa. Tempo livre era uma ameaça para mim, porque eu sabia que, se ficasse entediado ou não tivesse algo produtivo para fazer, corria risco de voltar aos meus velhos hábitos.

Seis meses depois, eu ainda estava limpo e minha dedicação, meu compromisso com meu novo manifesto e minha obsessão de continuar limpo, reconstruir minha vida e criar sucesso para mim estavam compensando. Eu tinha me tornado o melhor vendedor da concessionária. Estava superando todos os caras que trabalhavam lá havia anos, e eles ficavam encafifados com isso, se perguntando qual era o meu "segredo". Eles achavam que era porque eu não estava mais usando drogas.

Errado! Eu com certeza não conseguiria fazer o que estava fazendo quando estava drogado, mas simplesmente não estar mais usando drogas não era o segredo. Conheci um monte de gente que tinha largado o tratamento e não estava se dando bem na carreira. O segredo era que, em vez de estar obcecado por hábitos horríveis, me permiti ficar obcecado pelo sucesso novamente, com a mesma inocência e energia que tinha quando era um garoto. Em vez de negar minha obsessão pelo sucesso, me dei permissão para acolhê-la.

Estava começando a ter um gostinho de como minha vida poderia ser. Estava ganhando dinheiro pela primeira vez e economizando tudo. Mais importante: pela primeira vez em anos, estava feliz comigo mesmo. Minha autoestima estava voltando e eu estava começando a encontrar minha autoconfiança e crença em mim novamente. Embora ainda estivesse bem longe do sucesso com que tinha sonhado, eu finalmente sabia que estava no caminho certo.

Pela primeira vez, estava fazendo o que disse que faria. Acordava em meu apartamentinho, alimentava meu cachorro e assistia a um vídeo de treinamento em vendas enquanto tomava café da manhã. No caminho para o trabalho, no carro, ouvia fitas de autoaprimoramento e treinamento de vendas com o compromisso de me tornar o melhor dos melhores. No primeiro ano, provavelmente passei 700 horas só me aprimorando como vendedor. Eu chegava uma hora antes de todo mundo e, em muitas noites, ficava até depois das 22h. Quando não estava trabalhando na concessionária, estava ajudando outros viciados.

A cada mês, eu ficava melhor do que no anterior: estava vendendo mais, ganhando mais dinheiro e reconstruindo minha autoestima. E, a cada mês, eu estava um mês mais distante do meu passado.

Os meses se somaram, virando anos e, quando fiz 28 anos, já não era mais o garoto com problemas com drogas. Eu era um vendedor com uma sólida carreira, figurando entre o 1% melhor em toda indústria de automóveis. Estava começando a pensar mais alto também, até considerando ideias grandiosas de um dia me tornar uma lenda das vendas como os caras que eu estudava todos os dias, alguém conhecido mundialmente pelas vendas e que tivesse ensinado milhões de outras pessoas sobre vendas e talvez até escrito livros e programas para ajudar outros vendedores. Eu tinha feito o oposto do que aquele conselheiro havia falado e estava me jogando completamente em minhas novas obsessões. Estava obcecado pelas minhas obsessões e minha vida começava a dar frutos e a criar um futuro consistente com os sonhos que havia tido quando criança.

O sucesso virou minha nova droga. Eu finalmente comecei a entender como fazer minha natureza obsessiva trabalhar a meu favor, e não contra mim. Achei que foi uma grande mudança de mentalidade, então, ficava surpreso e chateado quando as pessoas que acreditavam em mim e trabalhavam comigo reagiam mal à minha nova filosofia. Lembro-me de um amigo me segurando e dizendo: "Você está trocando um vício por outro." Eu não conseguia acreditar que alguém pudesse comparar o que havia tirado minha vida de mim com o compromisso que eu tinha feito para ter sucesso.

Mas ele não foi o único. Várias pessoas estavam preocupadas. Estavam felizes porque eu não estava usando drogas, mas não entendiam que me recuperar do vício não era o suficiente para mim. Meus colegas diziam: "A vida não é só trabalho." Até o dono da concessionária dizia: "Acho que você deveria relaxar um pouco e tirar uma folga." Minha família estava preocupada que eu sofresse um esgotamento e tivesse uma recaída.

Sinto muito, mas não. Cheguei ao fundo do poço — e não ia voltar para lá. Chegar àquele ponto tão baixo em minha vida me deu algo no qual eu poderia tomar impulso, e eu queria chegar o mais distante possível daquela situação. Pensei: se eu tinha conseguido chegar a um ponto tão baixo, a que alturas chegaria se fosse na direção contrária?

Não importava o quanto era perturbador para os outros, foi essa obsessão com o sucesso que tinha me dado uma nova esperança na vida. Eu estava realmente começando a entender seu poder e possibilidades.

OBSESSÃO COMO UM DOM

Em minha vida, ser obcecado pelo sucesso nunca me criou problemas. Negar isso é o que criou. As drogas vieram como uma alternativa em uma época em que eu estava esmagando minhas ideias e sonhos de fazer grandes coisas. Na verdade, toda vez que neguei meu desejo de criar uma vida incrível, me vi sendo seduzido por atividades que me causaram problema.

Quando você aprende a controlar e focar suas obsessões, torna-se uma pessoa poderosa e irrefreável, capaz de realizar todos os seus sonhos. Você pode criar a vida que merece, livre de todas as neuroses e comportamentos destrutivos que muitas vezes são confundidos com o que estou promovendo aqui.

Quando finalmente parei de lutar contra minha mentalidade obsessiva e comecei a alimentar minhas obsessões, tudo mudou para mim. Quando parei de defender, drogar e diminuir minhas obsessões e sonhos com o sucesso, toda minha energia foi renovada. Quando comecei a estudar outras pessoas obsessivas que eram muito bem-sucedidas e parei de buscar os conselhos de quem tinha se contentado com vidas medianas, resultados medianos, dinheiro mediano, tudo mediano, e que nunca ficavam obcecadas com nada além de defender o que é mediano, foi quando comecei a realmente viver.

Quando comecei a assumir o fato de que era obcecado com fantasias pessoais de riqueza e fama indestrutíveis e com o desejo de criar um legado que ultrapassaria meu tempo de vida neste planeta, o mundo pareceu diferente. Parecia que eu tinha ficado mais jovem da noite para o dia, minha criatividade parecia infinita, minha genialidade havia despertado e comecei a atrair outras pessoas mais parecidas comigo. Oportunidades que nunca tinham aparecido para mim começaram a surgir.

A obsessão em si não é um deficit nem uma falha de caráter: é um dom! Da próxima vez que alguém começar a tachar sua obsessão de doença, problema ou aberração, responda: "Não sou afligido, sou dotado."

> Da próxima vez que alguém começar a tachar sua obsessão de doença, problema ou aberração, responda:
> "Não sou afligido, sou dotado."
> #SejaObcecado
> @GrantCardone

Sua obsessão é a ferramenta mais valiosa que você tem para construir a vida que deseja e com a qual sonha.

Infelizmente, a maioria das pessoas nunca descobre com o que elas são obcecadas, porque foram ensinadas a negar suas obsessões. Não se permita ser assim. Encontre algo, qualquer coisa, com que seja obcecado. Não importa o que é neste exato momento, porque você só vai pegar as vontades, o impulso e a fixação com essa coisa e redirecioná-los.

Talvez seja obcecado pelo Cartola FC e dedique muito tempo a isso. Tudo bem. Ou talvez seja obcecado por uma relação que é destrutiva. Beleza. Isso é só para mostrar que você poderia ficar obcecado com outra coisa também. Talvez sua obsessão seja Candy Crush, ou pôquer online, ou jogar xadrez com idosos na rua. Mesmo que seja obcecado por coisas que sabe que não podem produzir algo grandioso em sua vida, não importa agora. O que importa é, primeiro, perceber que você tem a capacidade de ficar obcecado.

Sua obsessão significa que você tem o que é preciso para fazer coisas grandiosas. Sua obsessão pode tirá-lo da cultura do mediano (falarei mais sobre isso no próximo capítulo). Agora, você só precisa canalizar os monstros e redirecionar a energia para algo positivo e construtivo. Não tente sufocar nem reduzir a obsessão. Em vez disso, permita-se utilizá-la e redirecioná-la.

SEM LIMITES

A maioria de vocês que está lendo isto não terá, espero eu, desperdiçado um dia ou um centavo com drogas. Com sorte, não perdeu seu pai quando tinha dez anos. Você não precisa passar por essas experiências para explorar o poder da obsessão.

Para ter o que quer na vida, você precisa se dar permissão para se jogar com tudo em seus sonhos. Deixe claro para os outros que está obcecado e que, embora fosse gostar do apoio deles, podem esquecer a expectativa de que você vai ficar onde está, que vai se satisfazer com menos do que o que sonha ou que vai ser mediano.

Pergunte-se: "Até onde posso ir? Quanto mais posso fazer?" E, o mais importante: "Com o que é que quero ficar completamente obcecado e que vai me levar ao sucesso?"

Ser obcecado não envolve sua escolaridade, seu dinheiro, nem mesmo suas habilidades. Você vai precisar deles em algum momento, mas nada disso importa se não tiver primeiro se dado permissão para ficar obcecado. Tem tudo a ver com seu desejo e vontade de alcançar um objetivo, apesar dos enormes obstáculos.

A obsessão salvou minha vida; mudou minha vida e me deu a vida que tenho hoje. Ela pode fazer o mesmo para você.

CAPÍTULO 2

A OBSESSÃO É SUA ÚNICA OPÇÃO

Visto que comprou este livro, já sei que você pensa grande, sonha grande e é alguém que quer alcançar um grande sucesso.

É provável que também esteja extremamente frustrado. Sabe que pode fazer mais. Toda vez que vê os outros alcançando algo grandioso, se pergunta: "Por que não estou fazendo isso?" Aqueles que estão se dando bem na vida não são necessariamente mais inteligentes que você. Não se esforçam mais que você. Então, por que eles e não você? Mesmo que você seja um multimilionário, sabe a verdade: poderia ser bilionário. Ou talvez seja um artista e seu trabalho venda, mas sabe que deveria ser reconhecido internacionalmente. Se você tem esse desejo mordaz de ser grandioso, se tem um grande sonho e o talento — e eu acredito que tenha —, então deveria estar frustrado mesmo!

Você acha que não se encaixa? Isso é bom. Fica acordado até tarde, sem conseguir dormir, constantemente pensando em um caminho melhor ou uma ideia maior? Também é bom. Odeia que as pessoas fiquem dizendo como você está se saindo bem quando sabe que pode fazer mais? Ótimo! Nunca fica satisfeito com o sucesso que consegue? Perfeito. Todo esse desassossego é sinal de que você é obcecado.

> Nunca deixe ninguém dizer o quanto você está se saindo bem quando sabe que pode fazer mais.
> #SejaObcecado
> @GrantCardone

Imagino que esteja em uma das seguintes situações:

- Você deixou de seguir seus grandes sonhos porque a sociedade lhe disse que seus planos eram muito improváveis ou muito audaciosos. Como resultado, você suavizou sua mensagem e sua confiança ao longo dos anos, comprando a ideia de que obsessão não é saudável. Talvez tenha sido condicionado a se encaixar num padrão em vez de quebrar um — e está trocando seus sonhos de grandeza por uma casinha bonitinha, um plano de previdência privada e um tempo de deslocamento de duas horas. As ideias de negócios que não o deixavam dormir foram arquivadas em troca de fins de semana no sofá em frente à TV. Não que você seja preguiçoso; é que amigos e familiares lhe disseram muitas vezes que essa sua obsessão não é saudável, que seus sonhos são inalcançáveis, e você acreditou nisso.

- Você tem uma visão clara para seu sucesso, mas precisa de validação, que funcionará como um combustível adicional para sua explosão rumo a ele. Está no caminho, mas não está atuando tão rapidamente ou tão bem quanto poderia para se tornar um grande vencedor. Você sabe que precisa ser fanático para ter uma chance remota de realizar seus sonhos. Todos os 80 bilhões de células em seu corpo são consumidos pela ideia de sucesso, mas você precisa descobrir como fazer acontecer.

- Esta é a primeira vez que alguém lhe diz que é ok ser obsessivo como você sempre quis ser. Talvez, no fundo, você saiba que a obsessão não é algo ruim, mas ainda não a esteja vivendo. Você escolheu este livro porque o título o fez se lembrar do que desistiu no passado e porque o fez perceber como se distanciou de uma força poderosa que gostaria de ver renovada dentro de si. Talvez nunca tenha sabido que a obsessão era uma opção, muito menos que era a única opção.

Seja lá qual for sua situação enquanto segura este livro, você com certeza viu pessoas que não eram mais inteligentes que você levarem ideias ao mercado e se tornarem milionárias ou bilionárias.

Chega disso.

VOCÊ É O ÚNICO RESPONSÁVEL POR SEU SUCESSO

Os obcecados aceitam o fato de que eles — e somente eles — são responsáveis pelo próprio sucesso. Você, e somente você, pode se contentar com menos. No final, as pessoas podem se solidarizar com você, podem oferecer um ombro amigo, mas ninguém tem amplitude emocional ou capacidade financeira suficiente para ajudá-lo quando não se der bem.

Há bilhões de pessoas neste mundo vivendo um turbilhão emocional cotidiano, sabendo que estão vivendo e atuando abaixo do próprio potencial. Ninguém lamenta por você. Ninguém vai ajudá-lo.

Ser obcecado é o *único* jeito de ter tanto sucesso hoje que você será uma inspiração para os outros e realmente fará a diferença neste mundo. É necessário ser obcecado para ter uma amplitude significativa que seja suficiente para oferecer orientação e apoio a todas as pessoas que precisam de ajuda. Depois de me tornar bem-sucedido, eu costumava contar meus sonhos de fazer coisas ainda maiores ao meu tio Vince, e ele dizia: "Se você puder fazer, deve fazer."

> Os obcecados aceitam o fato de que eles — e somente eles — são responsáveis pelo próprio sucesso.
> #SejaObcecado
> @GrantCardone

TUDO BEM QUERER TUDO

Há milhares de livros sobre o sucesso, mas a minoria deles combinam com minha definição de sucesso. Não é só um trabalho constante, o respeito de seus pares e um cantinho confortável para sua aposentadoria. Eu sempre quis — e ainda quero — ser *enormemente* bem-sucedido.

Para mim, sucesso nunca disse respeito a somente uma coisa, uma conquista, um sonho, um propósito, um objetivo. Eu sempre quis um monte de coisas. Uma garota com quem eu saía anos atrás vivia me dizendo: "Você quer ter tudo". Eu respondia: "Por que eu ia querer ter alguma coisa se não puder ter tudo?" Eu sempre quis muitas coisas, não uma só.

Para mim — e espero que para você também —, o sucesso tem a ver com ser excelente em muitas coisas. Eu certamente não ficaria satisfeito só com ser rico. Quero tudo: saúde, riqueza, família, amor, lazer, espiritualidade, comunidade e tempo para aproveitar tudo isso. Por que se contentar com uma cor quando se pode ter o arco-íris?

> Por que se contentar com uma cor quando se pode ter o arco-íris?
> #SejaObcecado
> @GrantCardone

Para mim, o sucesso se define pela realização do meu potencial. Minha avaliação desse potencial mudou no curso de minha vida. Aos 25 anos, eu achava que meu potencial era só não usar drogas em qualquer dia. Um ano depois, estava focado em pagar os US$40 mil de dívidas e aumentar minha renda para US$60 mil dólares anuais. Aos 29 e começando meu primeiro negócio, meu objetivo era conseguir os US$100 mil dólares por ano que eu tinha conseguido quando vendia carros. Todas essas conquistas, em retrospecto, estavam bem aquém do meu potencial.

Depois de 30 anos e milhares de palestras pagas, prêmios, livros e participações em programas de TV, meu potencial ainda está se revelando para mim conforme me forço a conseguir mais e tenho novas experiências. Quando finalmente encontrei o amor da minha vida, me tornei consciente do meu potencial para amar outra pessoa e criar uma parceria maravilhosa. Quando tivemos filhos, percebi meu potencial de ser pai, de amar, cuidar, arranjar tempo para eles e protegê-los.

Seu potencial aumenta e se revela com o tempo conforme você descobre do que mais é capaz. Agora percebo que sempre subestimei meu potencial. Espero que ainda o faça. Eu já consegui 100 vezes mais do que achei que seria possível, mesmo assim, estou ciente de ainda não alcancei meu potencial completo — e estou obcecado por descobrir qual seria ele. Alguns dizem que o importante na vida é a viagem, não o destino. Discordo. Adoro os destinos porque, quando os alcanço, eles me ensinam algo novo sobre meu potencial.

Sempre acreditei secretamente que era capaz de fazer coisas inacreditáveis. Mesmo quando estava no fundo do poço, tinha uma compreensão de que meu potencial era maior que minhas conquistas. Ainda hoje, tenho os dois lados disso: a consciência e o ímpeto mordaz de fazer mais. E, para ser completamente honesto, nunca pensei muito sobre meu sucesso passado. Minha atenção está sempre no que é possível.

Nunca acreditei em quem diz que está satisfeito — o cara que diz: "Estou vivendo o meu sonho". Sério? Odeio quando dizem isso. Os caras que estão realizando sonhos nunca acreditam que fizeram o suficiente ou que alcançaram o suficiente; eles estão obcecados com o nível seguinte. Aqueles que acreditam que estão satisfeitos ou estão muito confusos, ou são extremamente perigosos, porque vão tentar persuadir você a parar de tentar e ficar "satisfeito", do jeito que eles estão.

> Aqueles que acreditam que estão satisfeitos ou estão muito confusos, ou são extremamente perigosos.
> #SejaObcecado
> @GrantCardone

Sempre que me deixei influenciar pelos outros, comprometer minha visão de sucesso, me contentar com menos do que sou capaz, me convencer de alguma forma de que já tinha feito o suficiente e me contentar com menos que tudo... fiquei infeliz, irritável, entediado, descontente, deprimido, e até raivoso.

Quando estou me esforçando para atingir meu pleno potencial é quando fico mais feliz. Fico o mais feliz possível quando estou fechando negócios monstruosos, resolvendo grandes problemas, me conectando com pessoas muito influentes e fazendo coisas que eu mesmo duvidava que fossem possíveis. Quando essas coisas acontecem, me torno um melhor pai, marido, amigo, empregador e membro contribuinte da sociedade: um eu melhor.

Ao longo dos anos, virou moda espalhar ditos inúteis como "A vida é feita para ser vivida" e "O sucesso não é tudo". Eu me sinto um deslocado falando que quero mais, ter tudo, e constantemente me forçando a alcançar meu potencial. Já fui pesadamente ridicularizado por muitos que dizem que sou ganancioso, egoísta e nunca fico satisfeito.

Muitas dessas coisas são verdade. Posso ser ganancioso, egoísta, egocêntrico e nunca ficar satisfeito, mas é para cuidar da minha família, dos meus sonhos, da minha igreja e da minha comunidade.

Já que pegou este livro, vou presumir que você quer tudo (mesmo que já tenham lhe dito que é um sonho irrealista) e quer que eu acorde e inspire o louco obsessivo que existe em você. Só para ter certeza, veja quantas vezes você responde sim às seguintes perguntas.

- Secreta ou publicamente, já quis fazer coisas inacreditáveis?
- Você sonha em fazer algo que vai fazer o mundo inteiro ficar de pé e prestar atenção?
- Já pensou em como seria ter um nome conhecido? Ou como seria ser famoso?
- Gostaria que seu nome fosse sinônimo de algo revolucionário, que mudou o mundo para melhor?
- Adoraria passar por um lugar lotado onde todo mundo soubesse seu nome?
- Já imaginou como seria voar em um jatinho particular ou ter seu próprio jatinho?

Qual é! Admita: você quer isso tudo. E merece ter isso tudo. Você é capaz de fazer mais. Você merece um sucesso enorme, tão abundante que não pode ser atrapalhado, retirado, diminuído ou roubado.

> Você merece um sucesso enorme, tão abundante que não pode ser atrapalhado, retirado, diminuído ou roubado.
> #SejaObcecado
> @GrantCardone

Aqueles que sugerem que você se contente com menos do que tem potencial para conseguir o fazem porque estão tentando entender a própria decisão de se contentar com pouco. Na verdade, eles não se contentam: eles desistem. Desistem antes de alcançar o próprio potencial e agora estão tentando entender por que o fizeram. Não há exceção. Os superbem-sucedidos nunca vão dizer a ninguém para fazer menos, para se contentar ou ficar satisfeito. Aqueles que realmente fizeram algo grandioso nunca diriam que seu sonho é irrealista e sempre vão incentivá-lo a fazer mais.

Prepare-se: quando se comprometer com esse negócio de obsessão, será chamado de estranho, aberração e esquisitão. Lembre-se de que não é você o problema. O problema é o mundo em que vivemos.

ACABE COM A EPIDEMIA DE MEDIANIDADE

Acredito que uma das razões pelas quais minha mensagem pode causar um choque é que estamos sofrendo uma epidemia de medianidade.

Tanta gente na cada vez menor classe média se foca só no que é necessário para sobreviver, em vez de focar o que é necessário para evoluir e prosperar e, assim, se preparar para o verdadeiro sucesso. A classe média não está conseguindo oferecer verdadeira liberdade para ninguém e só garante que se viva uma vida de medo e preocupação constantes. Para entender como essa epidemia está arraigada, considere o seguinte:

- Estudos realizados pelo Bankrate.com sugerem que algo entre 62% e 76% dos norte-americanos vivem de salário em salário, inclusive aqueles que têm o que era antes um emprego sólido e seguro de classe média com rendas de classe média.
- Segundo um artigo de 2012 do *Washington Post*, mais de metade da população dos EUA precisa de algum tipo de assistência do governo.
- Segundo a *Forbes*, atualmente, existem 28 milhões de pequenas empresas nos EUA, 75% das quais são administradas por apenas uma pessoa, que, obviamente, trabalha sozinha e não tem funcionários — o que significa que fazem tudo sozinhos.
- Esse mesmo estudo mostra que, de todos os pequenos negócios, 92% lucram menos que US$250 mil por ano e 67% não lucram nada ou mesmo perdem dinheiro.
- Segundo o Market Watch, em 2015, os norte-americanos somavam US$1,3 trilhão em dívidas de faculdade. Isso significa mais dívida que todas as dívidas com cartão de crédito desses cidadãos somadas.
- E o que todo esse débito com a faculdade produz? Segundo um estudo da CareerBuilder, mais de 30% dos formados não trabalham na área para a qual estudaram.
- Nós financiamos casas do "sonho americano" com hipotecas de 30 anos que mal aumentaram 1% ao ano (ajustado à inflação) desde a Grande Depressão.
- Segundo pesquisas da Gallup, o norte-americano médio trabalha menos de 35 horas semanais e 70% dos norte-americanos estão desmotivados com o trabalho.

Quer você seja ou não parte dessas estatísticas, conhece alguém que é. Pense em todos os jovens que fizeram empréstimos para pagar a faculdade só para terem que voltar a morar com os pais depois. E a casa própria, cuja taxa de proprietários caiu de quase 68% para os menores níveis desde a década de 1950? Você e eu estamos vivendo entre essas pessoas, ainda que não sejamos uma delas, e somos, portanto, seriamente influenciados por suas mentalidades e ações. As pessoas estão fracassando por conta de como pensam e do quão pouco conseguem fazer.

> Muita gente na classe média se foca no que é necessário para sobreviver, em vez de focar o que é necessário para evoluir e prosperar.
> #SejaObcecado
> @GrantCardone

Dizem que você é uma combinação das cinco pessoas com quem passa mais tempo. Dê uma olhada em volta: se as pessoas que está vendo não tiverem "sucesso" escrito na testa, elas estão validando a medianidade.

As pessoas são preguiçosas porque isso é tolerado. Elas aceitam a ideia de medianidade porque seus pais e colegas disseram que estava tudo bem se contentar com pouco em vez de ficar obcecado com seus sonhos.

Se conhecimento é poder, e acredito que é, então, o problema é que a maioria de nós está obtendo o conhecimento errado. As pessoas estão sendo incentivadas a serem felizes e passam a vida tentando comprar felicidade com dinheiro que tomaram emprestado de cartões de crédito que devem pagar com o dinheiro do trabalho que odeiam. Vende-se a elas a ideia de que, se finalmente chegarem à classe média, estarão melhor que 80% do mundo — apenas para se pegarem espantadas com o motivo de não terem tempo para suas famílias e nenhum dinheiro sobrando para fazer algo por prazer.

> Se as pessoas que está vendo não tiverem "sucesso" escrito na testa, elas estão validando a medianidade.
> #SejaObcecado
> @GrantCardone

Claro que todo aquele mantra de "Estamos todos no mesmo barco", que nossa cultura promove, *parece* legal, mas, se você não consegue cuidar dos seus próprios sonhos, como pode cuidar do vizinho? Se não consegue pagar suas próprias contas, como vai ajudar quem precisa de ajuda? Se não consegue realizar seus sonhos, como vai incentivar os outros a realizarem os deles? Você não consegue!

TANTO CONSELHO MEDIANO

A sociedade sempre teve problemas com pessoas como você e eu. Nós nos vemos como empreendedores, batalhadores, competidores, trabalhadores ousados e comprometidos. Outros nos veem como anormais, problemáticos, voluntariosos, gananciosos, nunca satisfeitos, mandões demais, tirânicos, interesseiros, insensatos, loucos por controle e daí por diante. Esses que não entendem — como seus amigos, parentes, empregados e colegas — dirão coisas como:

- "Vai devagar."
- "A vida deve ser aproveitada."
- "Não trabalhe demais."
- "Não se esforce demais no trabalho."
- "Pega leve."
- "Seja grato — tem gente em situação pior que a sua."
- "A vida é curta."
- "Dinheiro não é tudo."
- "Mais não é melhor."

Essas pessoas, presas a suas crenças de equilíbrio entre vida profissional e vida pessoal, se adequar, se dar bem com os outros e de justiça e igualdade para todos, inventam razões para que você abandone seus sonhos. A obsessão, dizem, não é saudável. Mas e a obsessão delas com conforto, com ser normal, não ter nenhuma motivação nem propósito? E a praga de bilhões em dívida que contraíram, que faz com que se contentem com vidas medianas? Pense na mãe que desistiu de escrever um livro, na professora que desistiu de ter seu próprio negócio, no empresário que desistiu de seu desejo de ser artista? Todas essas pessoas se recusam a correr riscos para manter a ordem.

Você já notou que a pessoa que grita "Sucesso não é tudo" é o cara ou a garota que não o alcançou? Esses chavões são distribuídos gratuitamente, e bem poucos param para checar, mesmo que por alto, sua veracidade. Todas essas pessoas estão passando pela vida vomitando para os outros "Abandonem seus sonhos de fama, fortuna e poder, porque pode ser que não consigam!" Lembre-se: as pessoas que tentam convencê-lo a desistir não estão o ajudando. Estão tentando entender por que desistiram.

A verdade é que nenhuma dessas pessoas faz qualquer coisa além de inventar desculpas. Não quer dizer que são más pessoas, mas não vão mudar o mundo e não vão apoiar ninguém nessa tarefa.

A DISTRAÇÃO DAS MASSAS

Some-se a isso ao fato de que, todo dia, nós somos inundados com distrações, mentiras, pautas políticas, crises, terror e falsas esperanças. Esse constante bombardeio faz com que as pessoas se achem impotentes — meros espectadores em suas próprias vidas que só sabem sobreviver.

> As pessoas que tentam convencê-lo a desistir não estão o ajudando, estão tentando entender a própria desistência.
> #SejaObcecado
> @GrantCardone

Milhões de pessoas passam de três a quatro horas do seu dia de trabalho olhando o Facebook e depois vão para casa para ficar horas assistindo à televisão de 90 polegadas que compraram parcelada. Ficam hipnotizadas pela cobertura que a mídia dá ao mais recente ataque terrorista, ao avião desaparecido e ao escândalo de celebridade. Ou estão grudadas a uma das muitas séries sobre policiais solucionando crimes ou batalhas em reinos imaginários.

Desligue tudo isso e você vai ver que vive em um mundo onde há mais dispositivos móveis que seres humanos. Nós estamos sendo atingidos, 24 horas por dia, 7 dias por semana, por besteiras da internet; *feeds* do Twitter às centenas de bilhões; 8 bilhões de vídeos no Snapchat e no YouTube por dia; trilhões de postagens inúteis todo dia; e, agora, transmissão ao vivo de vídeos em que todo mundo pode ser apresentador vomitando conteúdo imbecil. Sem falar os *spams* que recebemos com pornografia, delírios de celebridades e gatos pulando.

Com tanta distração que não para de chegar, a chance de sucesso é mínima.

Mas você pode se libertar do ciclo de medianidade. Na verdade, você deve.

A medianidade é a fórmula do fracasso e não funciona para ninguém, não importa o quanto tentem entender. Pessoas infelizes não podem ensiná-lo a ser feliz. Os pobres não podem ensiná-lo a ser rico. Um cara em um casamento fracassado não pode ensiná-lo a fazer seu casamento dar certo. Uma pessoa mediana não pode ensiná-lo a ser excepcional.

Há uma frase que levo para a vida: "Nunca aceite conselhos de quem desiste." E deixe-me ser claro: pessoas medianas são as que desistem. Elas desistem de se esforçar por uma vida melhor e desistem de atingir seu potencial.

> Nunca aceite conselhos de quem desiste.
> #SejaObcecado
> @GrantCardone

Então, como você pode viver acima da linha mediana? Entregando-se completamente e sendo obcecado. Vamos dar uma olhada em algumas pessoas que provaram isso.

VOCÊ É O ÚNICO QUE TEM SEUS SONHOS

Steve Jobs disse: "Eu quero fazer a diferença no universo."

Martin Luther King Jr. disse: "Eu tenho um sonho..."

Gandhi disse: "Seja a mudança que você quer ver no mundo."

Bill Gates disse: "O sucesso é um mau professor. Ele leva pessoas inteligentes a achar que não podem perder."

Muhammad Ali disse: "Eu sou o maior."

Você conhece essas pessoas e suas palavras, e elas funcionam porque essas pessoas foram obcecadas. Elas continuaram obcecadas muito tempo depois de terem sido dispensadas por outras. É claro que as pessoas tentaram fazer com que elas apenas aproveitassem a vida um pouquinho mais. Eram chamados de loucos, arrogantes, encrenqueiros, insanos, doidos, fanáticos e muito mais. No fim, entretanto, cada um deles mudou o mundo.

Eles não foram super-heróis; não tinham nenhum poder especial. Eram apenas completamente obcecados. Isso os levou àquela dedicação inabalável, a esforços irracionais e a um compromisso perene de ir muito além de aonde uma pessoa mediana iria para tornar seus sonhos realidade. Eles não simplesmente jogaram o jogo; estavam obcecados por moldá-lo.

Nenhum deles era perfeito. Mas cada um criou um legado que vai sobreviver por séculos. Seus nomes vão inspirar centenas de milhões de outras pessoas a pensar no que significa ser grandioso, a realizar coisas grandiosas, defender mudanças grandiosas. Muhammad Ali era só um lutador profissional? Acho que não. A história dele inspira homens e mulheres de todas as raças, religiões e idades com a mensagem de que, para alcançar a grandeza, você deve reivindicá-la.

Erga-se e reivindique sua grandeza. Porque, não importa quanta preocupação ou amor outra pessoa tenha por você, ela não tem seus sonhos. Eles pertencem somente a você e são o que o torna único. É muito provável que você já tivesse seus sonhos antes de a maioria dessas pessoas aparecer em sua vida. Seus amigos, filhos, cônjuge e família podem amá-lo, mas isso não significa que compartilham de seus sonhos e desejos. Eles têm os seus próprios.

Em vez de aceitar conselhos deles, rebaixar seus padrões por eles ou desistir de tudo por eles, veja se eles perseguem os próprios sonhos com obsessão, usando cada momento que estão acordados para tornar esses sonhos realidade.

> Não importa quanto amor outra pessoa tenha por você, ela não tem seus sonhos. **#SejaObcecado @GrantCardone**

Porque você vai. Você vai fazer tudo para torná-los realidade e isso vai exigir muitas escolhas e sacrifícios. Se eles não estiverem disposto a fazer isso, está claro que desistiram dos próprios sonhos e desejos. Não se surpreenda: a maioria das pessoas desistiu. Então, certifique-se de nunca aceitar conselhos delas. Elas vão tentar convencê-lo a fazer o mesmo que fizeram — e a viver uma vida menor.

A DIFERENÇA ENTRE APEGADO AO SUCESSO E OBCECADO

Ficar apegado à ideia de sucesso e realmente ficar obcecado o suficiente para persegui-lo são duas coisas completamente diferentes. Só querer ser ótimo não é o suficiente. Eu já derramei sangue, suor e lágrimas — e coloquei o meu na reta mais vezes do que consigo contar — para chegar aonde estou hoje.

Odeio ter que lhe dizer isso, mas você vai precisar fazer o mesmo. Não tem essa de pouquinha obsessão. Nem de obsessão em meio período. Se quiser ser o líder da manada, vai ter que abandonar a ideia de que alguma outra versão de obsessão, mais suave, é uma opção. "Obcecado às vezes"; "obcecado só nos fins de semana"; ou "obcecado das 8h às 17h" é fantasia. O equilíbrio não faz sentido para aqueles que foram mordidos por suas obsessões e pela vontade de fazer algo espetacular.

> Não existe obsessão em meio período.
> #SejaObcecado
> @GrantCordone

Não importa qual seja o seu ramo, a obsessão é obrigatória para o tipo de sucesso de que estou falando. O obcecado sabe que, se não estiver plenamente imerso em sua empreitada, vai ser atropelado por outros que estão. Vá perguntar àqueles que moram no Vale do Silício como se sentem a respeito de imersão, semanas de trabalho de 100 horas e pedir dinheiro emprestado a parentes e amigos para entrar no mercado. Depois, encontre alguém que esteja obcecado com criar uma família incrível e observe como falam apaixonadamente de priorizar a família e amá-la e como são dedicados aos familiares. Fale com um artista ou atleta, alguém obcecado com seu talento particular e que está constantemente o aprimorando, veja como eles se avivam quando falam do que fazem.

Você tem que abraçar essa mentalidade de morrer tentando. Não pode haver outras escolhas nem opções. Sim, a vitória às vezes tem um preço, assim como se contentar com pouco. É claro que você pode ficar completamente louco. Mas não vai parar. Porque a história mostra que só os obcecados se dão bem. Pessoas como Alexandre, o Grande, Joana d'Arc, Albert Einstein, Alexander Graham Bell, Thomas Edison, Elon Musk, Howard Schultz, Oprah, Vincent van Gogh, Steve Jobs, Cristóvão Colombo, Charlie Chaplin, Mozart, Michelangelo, Bill Gates, Mark Zuckerberg, Leonardo DiCaprio, Martin Scorsese, Jay-Z, Beyoncé, Serena Williams, e daí por diante. Não faltam exemplos, e, quer você goste deles, quer os odeie, admire ou deteste, todos nós os conhecemos!

Quer você concorde, quer não com suas missões ou com como chegaram lá, não pode negar que eram obcecados — e é por isso que você sabe o nome deles. Essas pessoas lutaram contra todas as probabilidades e não estavam dispostas a sossegar. É claro que nenhuma delas criou o tipo de vida que eu quero ou que você quer, porque os sonhos delas eram diferentes dos nossos. Mas você pode usar o que elas fizeram para alimentar sua própria obsessão. É porque eles se permitiram uma fascinação fanática, irracional e obcecada por seus sonhos que você e eu sabemos seus nomes. Há uma única pessoa que nós dois conhecemos que não tenha sido obcecada? Duvido.

Agora, vamos colocar nossos nomes nessa lista.

> Não há uma única pessoa cujo nome nós dois saibamos que não tenha sido obcecada.
> #SejaObcecado
> @GrantCardone

CAPÍTULO 3
COM O QUÊ FICAR OBCECADO

Conforme está lendo, você já deve ter se perguntado "Como descobrir com o quê estou obcecado?"

Talvez você ache que já sabe. Talvez não faça ideia. Talvez tenha se perdido. Você pode ser jovem e confuso ou pode estar no meio de uma transição na vida: mudando de emprego, superando um relacionamento ou cansado de se sentir sem ânimo.

Eu já passei por isso. Ao longo da minha vida, por razões diferentes, já me fiz estas perguntas várias e várias vezes:

Por que estou fazendo o que estou fazendo?
Qual é o meu propósito?
O que vai me deixar empolgado?

Quando você consegue identificar *por que* quer fazer algo, pode ficar completamente obcecado por atingi-lo. Essa obsessão é o que precisa para derrubar quaisquer barreiras ou oposição com as quais se deparar rumo ao seu objetivo.

VOCÊ PODE FICAR OBCECADO COM QUALQUER COISA

Nós já falamos de obsessões negativas, como drogas, perda de tempo em redes sociais e outras atividades que não produzem resultados construtivos.

Mas há as obsessões positivas. Você pode ficar obcecado com aulas de spinning, perda de peso, entrar em forma ou fazer um detóx. Pode ficar obcecado por apoiar um projeto de caridade, ajudar seu pai ou mãe doente ou ter mais um filho. Quando falo de obsessões, estou falando daquelas que merecem sua atenção porque apoiam seu propósito. Ambos têm relação, mas não são a mesma coisa: eu era obcecado com ser rico porque meu propósito era garantir que minha família nunca teria que se preocupar, contar moedas ou passar dificuldades na classe média, como aconteceu comigo quando era criança, depois que meu pai morreu.

O propósito é o santo graal dos obcecados. Vejo-o como a razão de uma pessoa para fazer algo ou a razão da simples existência de alguma coisa ou alguém. É o "por quê" dos por quês e o combustível para suas obsessões.

Para iniciá-lo no caminho do pensar grande, depois do pensar maior, depois do pensar imensamente conforme se aproxima do seu propósito, vou dizer que, só porque comecei nessa estrada da obsessão vendendo carros numa concessionária, não quer dizer que eu amava isso. Não era o emprego dos meus sonhos. Não era nem algo pelo qual eu tivesse alguma paixão. Eu simplesmente odiei os dois primeiros anos em que vendi carros. Mas fiquei obcecado em me tornar excelente no trabalho e acabei me apaixonando.

Graças ao meu pai, nunca fiquei preso à crença de que, para me comprometer com algo, eu precisava gostar. Quando tinha nove anos, me lembro de observá-lo trabalhando no quintal, pegando peças, galhos e folhas e enfiando tudo num saco de lixo. Ele estava fazendo isso com tanta atenção e precisão que parecia que estava amando cada segundo. Perguntei-lhe: "Pai, você gosta de fazer isso?" Ele respondeu: "Você nem sempre precisa gostar do que faz para amar o que faz".

Meu pai era obcecado por cuidar da família e alcançar o sucesso para nos sustentar, e isso significava fazer coisas que tenho certeza de que não gostava nem queria fazer. Simples assim.

> Você não precisa gostar do que faz para amar o que faz.
> #SejaObcecado
> @GrantCardone

Eu me lembrei de quando me comprometi a ser um ótimo vendedor de carros. Agia como se amasse, muito embora não gostasse particularmente da atividade. Eu sorria mesmo quando um cliente sequer apertava minha mão. Ficava sentado fazendo inúmeras ligações para pessoas que desligavam na minha cara ou diziam para eu nunca ligar para elas novamente. Quando todo mundo já tinha ido para casa, às 18h, eu ainda ficava lá até a meia-noite fechando negócios.

Uma vez que encontra seu propósito e identifica aquelas coisas que merecem obsessão, lembre-se de que você não precisa amar seu emprego nem mesmo fazer aquilo que é sua paixão a fim de ser obcecado o suficiente para ser bem-sucedido.

Dito isso, não vamos parar por aqui. É importante descobrir quais são aquelas obsessões que merecem sua atenção.

DESCUBRA QUAL É O SEU PROPÓSITO

Para entender qual é o meu propósito e como estimulá-lo, sempre me faço perguntas. Elas abriram minha mente em muitas direções diferentes, me inspiraram a realizar grandes coisas e me mantiveram alerta para oportunidades em sintonia com minha obsessão.

Quando você começar a respondê-las, não repense. Dê a primeira resposta que pensar — sem nenhum julgamento e sem tentar adivinhar qualquer coisa, especialmente como vai chegar à resposta. Você não precisa seguir nada à risca, a menos que queira. Apenas se faça perguntas.

Depois, amanhã, no mesmo horário, faça-as mais uma vez. Depois, de novo, e assim sucessivamente. Com o tempo, você pode perceber que está dando novas respostas ou que as mesmas respostas sempre surgem; pode ver padrões surpreendentes ou ser lembrado de um sonho que enterrou muito tempo atrás.

Interesses Pessoais

- O que me empolga agora?
- O que eu acho tão empolgante que faria qualquer coisa para realizá-lo?
- O que me entedia?
- Qual é a coisa ou quais são as coisas que eu sempre quis fazer?
- O que eu não quero fazer, não importa a recompensa?
- O que eu faço que me faz esquecer de comer?
- Em que eu sou interessado desde criança?

Motivação Financeira

- O que eu estou disposto a fazer de graça?
- O que eu gostaria de fazer por muito dinheiro?
- Se o dinheiro não fosse importante na minha vida, o que eu faria com meu tempo?
- Quanto dinheiro me daria a segurança de que preciso?
- De quanto dinheiro eu precisaria para ter opções?

- De quanto dinheiro eu precisaria para ter liberdade financeira?
- De quanto dinheiro eu precisaria para realmente fazer uma mudança positiva?

Habilidades e Talentos

- O que eu faço melhor que qualquer um?
- Quais são algumas das minhas habilidades inatas?
- Em que sempre fui bom?
- Em que sempre fui ruim?
- Quais habilidades ou talentos que tenho e ignoro?
- Em que eu sou muito ruim e não deveria ser?
- O que eu faço que é um total desperdício do meu tempo e talento?
- Em que áreas os outros pensam mais em minhas habilidades que eu?
- Quais são as habilidades que preciso desenvolver?

Pesquisa de Mercado

- De que produto ou serviço já reclamei repetidamente antes?
- Que grande ideia eu já tive para abrir uma empresa ou inventar algo, mas não segui adiante?

Legado

- Pelo quê quero ser lembrado?
- Que contribuições das quais eu me orgulharia posso fazer para a sociedade?
- O que eu não quero que falem sobre mim de jeito nenhum?

Inspirar Pessoas

- Quais são as cinco pessoas que mais admiro?
- O que elas fazem que eu admiro?
- O que elas têm em comum?

- Qual qualidade eu gostaria de ter em comum com elas?
- O que eu tenho em comum com elas?
- Se eu pudesse conhecer alguém, quem seria?
- Quem é a pessoa que mais me apoia na vida?

Estilo de Vida

- O que me faz sentir bem?
- O que me dá energia?
- Qual atividade me entedia e não me faz sentir bem?
- O que estou fazendo e que posso me arrepender depois?
- Quais maus hábitos eu preciso deixar de lado?
- Quais bons hábitos preciso começar?
- O que preciso fazer mais e que me faria sentir melhor comigo mesmo?

E se...

- Se eu fosse escrever um livro, sobre o que seria? Quais lições inspiradoras eu tiraria de minha vida?
- Se soubesse que não poderia fracassar, o que faria?
- Se eu pudesse ser conhecido por uma coisa grandiosa, o que gostaria que fosse?

Não estou pedindo para você formular uma declaração de propósito a partir desse exercício. Na verdade, acho que resumir seu propósito a uma frase ou uma ideia é muito limitado. Você tem a capacidade de ficar obcecado com muitas coisas, assim como talvez tenha muitos propósitos na vida. Mas se fazer essas perguntas ajudará a identificar obsessões positivas que vão levá-lo ao seu propósito. Juntando tudo, seu propósito é composto do que constitui uma vida plena para você.

Quando souber qual é o seu propósito desta vez, pode parar com seus pequenos atos de negação e autossabotagem que estão o impedindo de seguir em frente. Você pode se permitir ser obcecado por suas verdadeiras obsessões: esse é o primeiro passo.

MANTENDO SUAS OBSESSÕES SEMPRE RENOVADAS

Tudo na vida é transitório. Você vai trabalhar no que quer que esteja fazendo e se comprometer completamente com isso. Depois, chegará um momento em que vai se perguntar novamente o que deveria fazer, e o processo de esclarecer seu propósito vai recomeçar.

No ano passado, eu estava trabalhando com o Pentágono em um projeto para ajudar as tropas a fazerem a transição do serviço militar de volta à vida civil. Muitas dessas ótimas pessoas haviam se comprometido a seguirem carreira militar. Agora, esses veteranos precisavam sair de um ambiente com muita estrutura, liderança e clareza para empregos em empresas em que faltava orientação, em que todo mundo estava muito assustado para tomar decisões, as reuniões não começavam na hora marcada e os funcionários reclamavam da falta de janela nos escritórios.

Eu disse aos soldados, e digo para você, que, do nascimento até a morte, a vida está em transição. Não são só o começo e o fim que importam, são todas as coisas entre um momento e o outro. Aqueles que estão vivos para valer e que fazem a maior diferença sabem como continuar atualizando e refocando sua obsessão conforme vão amadurecendo, conforme a vida vai mudando e as oportunidades, indo e vindo.

> A chave para atrelar sua obsessão ao seu propósito é sempre definir novos objetivos.
> #SejaObcecado
> @GrantCardone

É desafiador, mas você deve redefinir quem você é e reestimular suas obsessões conforme as condições vão mudando e seus objetivos prévios vão sendo atingidos. Isso vai determinar quanto você consegue realizar em seu tempo aqui. É você continuamente se recriando.

A chave para atrelar sua obsessão ao seu propósito é sempre definir novos objetivos. Alguém pode dizer: "Se eu tivesse 1 milhão de dólares, me aposentaria e jogaria golfe todo dia". Então, esse cara vai e joga golfe todo dia por cinco horas, se torna um *handicap* 10, assiste à TV o resto do dia e odeia a própria vida. Quando chegou lá, parou de definir objetivos. Como resultado, ficou perdido.

Assim como você reinicializa um computador para carregar novamente o sistema operacional, todas as pessoas precisam se reinicializar. Todos nós estamos em transição, envelhecendo, recomeçando, e as coisas mudam. O destino muda, as condições mudam, a motivação muda. Há decepções, desafios, perdas. Se não permanecer obcecado com seu rumo, vai se tornar aquela pessoa que não quer ser: perdida, exausta e definhando.

> O propósito me impede de ficar perambulando sem rumo pela Terra.
> #SejaObcecado
> @GrantCardone

Já passei por isso; já fiz isso. Quando eu não sabia por que estava acordando todo dia, sentia como se estivesse morrendo por dentro. O propósito me impede de ficar perambulando sem rumo pela Terra.

Então, para que você sempre entenda seu propósito e com o que deveria estar obcecado em qualquer momento da vida, vamos falar sobre dar partida no poder de anotar seus propósitos todos os dias.

PRÁTICA DE OBJETIVO DIÁRIO

Tomar nota dos objetivos diariamente é uma ótima ferramenta para se manter focado, reassumir seu compromisso e "reinicializar", pois seu destino vai mudar bastante. Também vai ajudá-lo a acompanhar sua evolução desde quando começou esta prática — e a aprender muito sobre si mesmo também.

Primeiro, no entanto, vamos esclarecer o que quero dizer com objetivos, que não é o mesmo que propósito. Os objetivos são algo que você busca conquistar, enquanto o propósito é a razão pela qual faz algo (sua estrela-guia, a razão pela qual você faz o que faz). Para manter-se obcecado pelo seu verdadeiro propósito, você precisa ser obcecado por definir e atingir seus objetivos e continuar a alimentar seu futuro.

Comecei a anotar meus objetivos na noite em que retornei da habilitação, para conseguir focar o que eu queria criar na vida. Desde então, venho tomando nota dos meus objetivos diariamente. E não só à noite, mas também logo que começo o dia e a qualquer momento, se eu me sentir para baixo ou perdido.

O que eu escrevo não é o que você encontraria em uma lista de afazeres. Quando falo de objetivos para os obcecados, não estou falando de atividades realizáveis. Estou falando de vitórias que estão, no momento, longe do alcance. Estou falando de criar um futuro poderoso que o impulsione adiante constantemente.

Hoje de manhã, quando acordei, virei para o lado, peguei o bloco de notas que mantenho ao lado da cama e escrevi: "Eu tenho US$4 bilhões em títulos imobiliários". Atualmente, tenho por volta de US$400 milhões em títulos, então, aquele número, dez vezes o valor atual, parece muito exagerado. Na verdade, é tão exagerado que parece inalcançável. Mas todo dia eu continuo o anotando. E o escrevo no passado ou no presente — não no futuro nem como um desejo, mas como algo que já conquistei. Não escrevo "Eu quero US$4 bilhões em títulos imobiliários", porque isso estaria relacionado a desejo, e não a ação. Pressuponho que minha mente aceita tudo como realidade.

> Os objetivos do obcecado estão sempre um pouquinho fora de alcance.
> #SejaObcecado
> @GrantCardone

Quando comecei esse ritual diário de objetivos, há mais de 20 anos, escrevia: "Eu possuo 20 apartamentos ou mais". Na época, eu não tinha comprado sequer um apartamento e não sabia nada sobre apartamentos, administração, financiamento ou mesmo como encontrar um bom negócio. Não tinha a menor noção sobre a área, mas sabia instintivamente que queria apartamentos como investimento. Não tinha ideia de como atingiria esse objetivo; 20 unidades pareciam tão irreais para mim quanto US$4 bilhões em títulos parecem hoje. Ainda assim, escrevi isso todos os dias por anos, até que, quase cinco anos depois, fechei meu primeiro negócio de um imóvel multifamiliar, com 48 unidades em Vista, na Califórnia, pertinho de San Diego. E eis que um objetivo com que estive obcecado e que alimentava diariamente foi alcançado.

Isso não quer dizer que eu simplesmente escrevia isso toda noite e não fazia nada. Uma vez que eu estava escrevendo esse objetivo diariamente, também comecei a dar uma olhada nas propriedades, fazer contatos e aprender tudo que conseguia sobre o lugar. Procurei toda semana durante cinco anos até conseguir meu primeiro negócio. E, assim que fechei o negócio, reinicializei meus objetivos e comecei a escrever: "Eu possuo mais de 100 unidades que rendem 12% ao ano", em meu bloco. Em 90 dias, eu já tinha conseguido e, nos três anos seguintes, já era dono de 500 unidades. Hoje, possuo mais de 4,5 mil.

As pessoas ficam rindo de mim por manter esse bloquinho ao lado da cama todos esses anos, mas ele sempre foi uma maneira de eu me manter focando em onde quero chegar. Lembro-me de quando uma garota com quem estava saindo me perguntou sobre ele. "Você escreve sobre mim nessa caderneta?" Eu não escrevia. Na verdade, quando escrevi sobre a garota dos meus sonhos e futura esposa, a imagem mental era de alguém totalmente diferente da garota que estava me fazendo aquela pergunta. Depois que percebi isso, nunca mais saí com ela. Se tivesse continuado com ela, trairia meus objetivos.

Vou dar outro exemplo para mostrar como isso funciona. Sempre gostei de escrever e, desde criança, sonhava em escrever um livro. Um dia, anotei em meu bloquinho: "Eu sou um autor *best-seller* e ganhei vários prêmios por meus livros". Escrevi isso diariamente por anos. Numa tarde de domingo, anos após começar a escrever aquilo, me sentei no meu escritório e escrevi *Sell or Be Sold* ["Venda ou Seja Vendido", em tradução livre] em três horas. Foram vendidos centenas de milhares de exemplares do livro e ele ganhou vários prêmios. Desde então, escrevi mais três livros, além de mais de dez e-books que venderam muitas e muitas cópias, foram parar em listas de mais vendidos, foram premiados e até me renderam um pouquinho de dinheiro.

Use essa prática de objetivo diário para se lembrar de aonde você quer ir e por quê. Escreva seu futuro para alcançá-lo. Outras pessoas bem-sucedidas fazem isso. O comediante Jim Carrey escreveu um cheque de US$1 milhão para ele mesmo quando não tinha nem US$10 na conta.

> Escreva seu futuro para alcançá-lo.
> #SejaObcecado
> @GrantCardone

O mundo precisa de mais pessoas que sejam obcecadas: apaixonadas, motivadas, que caiam dentro, comprometidas, implacáveis e vivas. Não se compra esse tipo de coisas no mercado. Ter uma ótima vida não vai ser fácil. Ter uma ótima vida exige esforço. Mas é ótimo saber aonde se está indo e o porquê e que qualquer conquista significa que você está um passo mais próximo do seu potencial definitivo.

CAPÍTULO 4

ALIMENTE A FERA

Aquilo em que presta atenção é aquilo que consegue. E, quanto mais atenção você dá a algo, mais o alimenta, mais forte e poderoso ele se torna. Na vida e nos negócios, é vital prestar atenção às coisas e às pessoas que estão trabalhando para você e ignorar as coisas e as pessoas que não estão.

> A ideia de atingir meu potencial me estimula.
> #SejaObcecado
> @GrantCardone

O sucesso me estimula. Vencer me estimula. Produzir me estimula. Atingir meu potencial me estimula. Faço listas das coisas que me deixam mais forte e daquelas que não e as uso para alimentar minha fera e matar de fome qualquer coisa que me gere dúvida.

Muitas pessoas admiram minha força de vontade — meu impulso constante e ininterrupto, minha capacidade de permanecer no caminho quando muitos outros já teriam feito uma parada. Perguntam-me: "O que motiva você?" Essa deve ser a pergunta mais importante para alguém responder. Para mim, é o esforço contínuo, momento a momento, de alimentar a fera e matar de fome a dúvida.

Na verdade, não estamos falando de "fera" no singular. Em qualquer ponto de sua vida, você vai querer alimentar várias feras ao mesmo tempo. Esses são os objetivos que querem ser abordados, alimentados, honrados e exercitados. Algumas das minhas feras são ser o cara mais bem-sucedido em minha área; cuidar do meu dinheiro; ser um ótimo marido, pai e filantropo e dar um ótimo exemplo para os outros.

Se você alimentar as feras, seus sonhos têm uma chance de serem realizados. Ignore-as ou negue-as e vai acabar com obsessões esquisitas e destrutivas assumindo o controle. No mínimo, quando montar nelas e as domar, estarão quase que certamente deformadas por inveja, medo, dúvida e arrependimento.

Mantenha o foco no que permite que você e seu negócio cresçam e não invista tempo, energia nem recursos naquelas coisas e pessoas que não acrescentam nada.

ALIMENTE A FERA DE SUAS OBSESSÕES

Neste capítulo, quero enchê-lo de ferramentas que você pode usar para alimentar suas feras. Depois, visto que a dúvida é sua maior ameaça e maior inimiga, no próximo capítulo, veremos como é poderoso negar sua atenção a algo, deixá-lo tão fraco que ele perderá qualquer controle que possa ter tido sobre você.

Quando você fica realmente obcecado com coisas que são boas e as alimenta constantemente, todas aquelas coisas que o atrapalham — problemas de autoestima, introversão, deficiência, medo do sucesso, medo do fracasso ou qualquer forma de neurose — caem por terra. Por quê? Porque você não liga para elas. Sua atenção está totalmente voltada para coisas boas.

Eu nunca vou lhe dizer que algo é impossível, e você nunca deveria concluir que algo é impossível. Recentemente, um completo estranho chegou para mim e disse: "Entendo que seu objetivo é fazer com que 7 bilhões de pessoas conheçam seu nome. Você sabe que isso é impossível, né?" Pensei: "Esse cara não está falando comigo. Só está tentando entender tudo de que desistiu." Não preciso de ninguém para me dizer como meus objetivos são difíceis, improváveis ou mesmo perigosos. Sei disso tudo. Mas ainda vou me ater a eles porque a alternativa é muito dolorosa. Vou me julgar menos por não ter conseguido por pouco do que por nunca ter tentado.

Você precisa encarar, dominar e canalizar suas obsessões de forma que se tornem um motor com impulso enorme, com energia para o sucesso que deseja. Defina seu curso de possibilidade e depois abasteça seu motor com o combustível de mais alta octanagem que conseguir.

> Vou me julgar menos por não ter conseguido por pouco do que por nunca ter tentado.
> #SejaObcecado
> @GrantCardone

MANTENHA-SE EXTREMAMENTE FOCADO EM SEUS OBJETIVOS

Muitas pessoas falam de objetivos como uma boa ideia, algo "legal a fazer". Mas não eu, nem nenhuma pessoa bem-sucedida.

Objetivos não são uma resolução de Ano Novo, uma anotação em um diário ou um adesivo de carro; eles são decisivos para sua felicidade e sentimento de realização na vida. Por mais que eu reforce isso, não é o suficiente. Não anote objetivos em um *post-it* para olhar para ele só de vez em quando. Coma, durma e respire seus objetivos. Não só porque você "deve", mas porque *não consegue* evitar. Alimente a fera de modo que ela se torne tão poderosa que não sobre espaço para dúvida. Porque, no momento em que desvia o foco de seu objetivo ou tira os olhos deles, você se perde em todo o ruído em sua mente e no mundo.

Acorde e vá dormir focado em seus objetivos. Tome nota deles todas as manhãs e os leia todas as noites até que se tornem parte de você. Quando os tiver internalizado, verá tudo ao seu redor como um meio de atingir seus objetivos. No momento em que abandonar essa prática, se verá caindo no ciclo vicioso do trabalho sem propósito.

E não se esqueça de que os objetivos vão continuar amadurecendo e mudando. Daqui a cinco anos, você não vai tomar nota dos mesmos objetivos que anota hoje.

> Acorde e vá dormir com seus objetivos.
> #SejaObcecado
> @GrantCardone

RUGINDO PARA O FUTURO

Mantenha sua atenção constantemente focada no futuro, não no passado. O que você vai criar? O que você pode fazer que nunca tenha sido feito? Olhe para o que está no seu para-brisa, não nos seus retrovisores. Alimentar a fera fará com que você se atenha ao seu futuro e à descoberta do seu potencial.

Por exemplo, no momento em que escrevo isto, possuo quase 5 mil apartamentos que valem provavelmente US$400 milhões. Quando estava começando, não conseguia sequer imaginar ser dono de tantos imóveis. Lembro-me de pensar: "Se eu conseguisse 20 unidades, ganhando um dinheirinho a mais todo ano, ficaria extasiado." Era tudo que eu conseguia enxergar na época. Agora, porque me ative a isso e permiti que meus objetivos amadurecessem e se expandissem conforme eu ia atingindo minhas metas, consigo usar mais do que vejo como meu potencial pleno para pensar. Hoje, aquele objetivo de ter 20 unidades virou 40 mil unidades e um fundo de US$4 bilhões em imóveis.

Agora, quando faço esta nova declaração, fico temporariamente assoberbado. "Como vou conseguir fazer isso? Nunca fiz antes. Ainda não tenho equipe, nem dinheiro, nem *know-how* ou contatos. Os caras de Wall Street vão me matar com tantas tarifas. Vou ter que lidar com advogados, reguladores, investidores", e daí por diante. Quando penso em todas as razões pelas quais não consigo realizar esse objetivo, minha fera começa a hibernar.

Nesse momento, em vez de me deixar levar pelos medos, anoto meu objetivo de ter um fundo de US$4 bilhões em imóveis que dá um retorno de 20% aos investidores. Penso em como posso oferecer uma ótima moradia para dezenas de milhares de famílias, sem falar nos ótimos empregos e salários. Quando alimento a fera, algo quase mágico acontece. Subitamente me pego enxergando como posso fazê-lo em vez de pensando em como é difícil. Quase que do nada, me vejo em diferentes reuniões tendo conversas diferentes com pessoas que podem me ajudar a chegar lá.

OBCECADO POR APRENDER

O jeito mais fácil de alimentar sua fera é dedicar tempo a aprender algo novo ou a se aprimorar ainda mais em algo que já faz. Faça dos superbem-sucedidos seus mentores. Compre os livros deles, vá às conferências deles, leia as entrevistas deles. E faça do seu tempo de deslocamento seu tempo de aprendizado: encha seu celular de *podcasts* e audiolivros que pode ouvir enquanto está no carro indo para o trabalho e para casa.

O objetivo é mergulhar em conhecimento. Não apenas aceite o desafio, pule de cabeça nele. Depois, veja se as pessoas que moram em sua casa e trabalham em sua empresa estão lendo o mesmo material.

> Não apenas aceite o desafio, pule de cabeça nele.
> #SejaObcecado
> @GrantCardone

ALIMENTE A FERA DA ECONOMIA

Vivemos em um mundo pautado pela economia. E a economia não liga para a cor da sua pele, sua religião, seu nível de escolaridade, suas intenções nem para a bondade em seu coração.

Fazer qualquer coisa exige dinheiro. Desde fazer compras do mês, passando por contratar alguém, fazer caridade até transformar seu negócio em uma empresa de capital aberto, tudo isso exige dinheiro! É por isso que prestar atenção no dinheiro e ganhá-lo deve se tornar parte de sua jornada obsessiva. Se quiser voar, precisa de dinheiro.

Você deve ficar obcecado com alimentar a fera da economia (dinheiro) para que ela não seja um problema constante e recorrente tomando todo seu tempo e de sua empresa.

VALORIZE O DINHEIRO

Embora as pessoas falem de como o dinheiro é importante, a maioria o gasta com coisas idiotas que não estimulam suas obsessões de forma alguma. E depois hesitam quando é hora de investir dinheiro em coisas que *vão gerar* mais dinheiro. Surpreende alguém que aqueles com os menores objetivos de vida são os que têm mais problemas com dinheiro?

> Aqueles com os menores objetivos de vida
> são os que têm mais problemas com dinheiro.
> #SejaObcecado
> @GrantCardone

Veja como as pessoas ao seu redor lidam com dinheiro e vai entender o que estou dizendo. Uma diretora financeira diz que merece seu salário de US$100 mil, depois reclama de que vendedores ganham dinheiro demais. O que vale mais: contar dinheiro ou conseguir mais dinheiro?

O gerente de um departamento não vê nada de errado em gastar o dinheiro do patrão com itens que sofrem depreciação, como mesas e computadores, sem sequer fazer uma pesquisa de preço, mas depois pede para o departamento de contabilidade passar 30 minutos tentando encontrar a nota do estacionamento do aeroporto para que a empresa reembolse os US$60 que gastou lá.

As prioridades estão tão distorcidas quando se trata de dinheiro, em tantos níveis, que não surpreende que a maioria das empresas nunca consiga ganhá-lo.

Quando eu trabalhava em uma refinaria de petróleo em Lake Charles, na Louisiana (EUA), ficava observando caras realizando serviços perigosos, colocando suas vidas em risco em turnos de 12 horas. E, assim que recebiam seus pagamentos, torravam o dinheiro todo em uma noite de sexta-feira. Era impressionante. Esses caras sempre falavam de como deveriam ganhar mais e faziam hora extra para receber um pouco mais. As mesmas pessoas depois iam para um bar e ficavam reclamando de ganhar pouco e trabalhar muito enquanto davam todo dinheiro que tinham para o estabelecimento como se não fosse nada para eles.

Uma das razões pelas quais sou bem-sucedido é que sempre fui obcecado por cuidar das minhas finanças e fazer do dinheiro uma prioridade. Sempre fui transparente e aberto sobre querer mais dinheiro, desde criança. Muitas pessoas me diziam — e ainda dizem — que era errado querer tanto, e mais errado ainda falar disso. "Nunca fale sobre dinheiro", minha mãe me disse muitas e muitas vezes.

A maioria das pessoas é ensinada a não falar de dinheiro, então, não é de se espantar que nunca tenham nenhum ou que tenham só o suficiente para sobreviver e vivam preocupadas com isso. Eu nunca vou pedir desculpas por querer manter minhas finanças estáveis, seguras e indestrutíveis. Deixo claro para minha família, meus funcionários e meus clientes que quero muito dinheiro. Lembro-me de trabalhar com um cliente que reclamava do preço que eu oferecia. Eu disse: "O dinheiro é importante para que eu tenha sucesso e possa atendê-lo. Você quer que eu o atenda bem, né? Ótimo! Assine aqui." Não pedi desculpas pelo meu preço e nem porque a empresa precisava de dinheiro. Nunca vou pedir desculpas por querer dinheiro, e vou falar disso.

> Nunca vou pedir desculpas por querer deixar minhas finanças estáveis, seguras e mesmo indestrutíveis.
> #SejaObcecado
> @GrantCardone

DÊ UM JEITO NO SEU DINHEIRO

Para entender e alimentar sua fera econômica, você precisa ficar obcecado por dar um jeito no seu dinheiro, na sua vida e nos seus negócios.

Quando há algo de errado com seu dinheiro, você fica se preocupando constantemente com a falta dele. Se não estiver ganhando dinheiro, se mal estiver ganhando o suficiente para se virar ou não tiver o suficiente para dominar a concorrência, está lidando mal com o dinheiro. Dinheiro é engraçado, é tipo uma amante ciumenta: é melhor dar atenção, se não, vai te deixar por alguém que dê.

A primeira coisa a fazer é ver onde seu dinheiro está. Se tiver contas com dinheiro, faça esse dinheiro trabalhar para você. Se tiver ativos ou bens que valem dinheiro, faça com que rendam dinheiro para você. Além disso, corte tudo que puder, e rápido. Quando tiver feito os cortes, pode passar o resto do seu tempo expandindo e monetizando as coisas de valor que tem em sua vida pessoal e em sua empresa.

Trato todas as minhas empresas como barraquinhas de feira. Meu pensamento é: "O que eu preciso trocar hoje antes que estrague ou já não esteja bom amanhã?" Faço isso com meus negócios imobiliários, tecnológicos e minhas empresas de consultoria. Quais dos nossos apartamentos podem ser ocupados hoje para gerar lucro? Tenho coaches e consultores que não estão trabalhando este mês e que posso mandar para o mercado para ganhar dinheiro? Temos produtos parados nas prateleiras que precisamos disponibilizar no mercado, gerando excedente em dinheiro para que possamos continuar crescendo?

> Trato todas as minhas empresas como barraquinhas de feira. O *que eu preciso trocar hoje?*
> #SejaObcecado
> @GrantCardone

Além disso, não se esqueça do que disse antes: quando tiver cortado desperdícios na empresa, nunca mais se preocupe com isso, foque-se em aumentar a renda. Você não vai conseguir aumentar sua empresa a diminuindo, precisa aumentar o lucro bruto. É aí que invisto a maior parte do meu tempo, energia e criatividade. Passo 95% do meu tempo focado em conseguir mais dinheiro e 5% pensando em orçamento. Invista em chamar a atenção de pessoas que vão gastar o dinheiro delas com seus produtos ou serviços, não se preocupando com sua contabilidade o tempo todo.

Em 2008, todo mundo estava tendo dificuldades com vendas porque todo o dinheiro do crédito fácil tinha sumido. As empresas estavam tendo enormes dificuldades para vender produtos. Então, escrevi um livro chamado *Sell or Be Sold* para atacar os problemas que o mundo inteiro estava tendo para conseguir realizar vendas. Publiquei o livro de forma independente e saí vendendo de porta em porta pelos EUA. Vendi centenas de milhares.

> Passo 95% do meu tempo focado em ganhar dinheiro e 5% com despesas.
> #SejaObcecado
> @GrantCardone

O livro me colocou diante dos empresários e me levou para a TV e para o rádio. Minha mensagem era: "Esta não é uma economia ruim; é uma economia real, e todos devem aprender a vender. Venda ou seja vendido." Ele conquistou a atenção do mercado e um pouquinho de dinheiro. Depois, reinvesti esse dinheiro criando outros produtos para solucionar problemas que eu poderia expandir para dezenas de milhares de negócios. Criei a Grant Cardone Sales Training University [*Universidade de Treinamento em Vendas Grant Cardone*, em tradução livre], que agora milhões de vendedores, empreendedores e gerentes de vendas frequentam para obter uma educação profissional que os tornará vendedores altamente produtivos. No celular, no tablet, em computadores, nos escritórios ou em casa, eles podem aprender novas maneiras de lidar com cliente, aumentar as transações, conseguir novos clientes, oferecer atendimento, aumentar a presença na mídia social, fazer acompanhamentos e muito mais.

Fico impressionado que tal empreitada tenha surgido de uma devastação econômica quando eu simplesmente fiquei obcecado com dar um jeito no meu dinheiro. Em uma época de crise, observei os ativos que tinha e que poderia levar ao mercado. Neste caso, o ativo estava em minha cabeça: todo o meu conhecimento sobre vendas. Levei três horas, as palavras jorravam de mim, e escrevi um livro que deu início a um movimento. Levei esse produto ao mercado e as pessoas trocaram dinheiro por meu conhecimento sobre como fazer vendas em um mercado em que todos estavam economizando. Quando a Borders fechou as portas, eu estava vendendo livros de porta em porta e aumentando meu negócio e minha marca. Estava ganhando dinheiro enquanto eles estavam sentados, obcecados com o passado, culpando a tecnologia e a economia por sua penúria.

Fique obcecado com seu sucesso financeiro e com dar um jeito no seu dinheiro ou sofra as consequências.

ALIMENTE A FERA COM PESSOAS EXCELENTES

Se você está realmente obcecado com alimentar a fera e ser bem-sucedido, é importante cercar-se de pessoas excelentes que respeitam e entendem isso.

> Se você está realmente obcecado com o sucesso, deve cercar-se de outras pessoas obcecadas com o sucesso.
> #SejaObcecado
> @GrantCardone

Em todas as empresas que possuo, criei culturas de sucesso com foco em alimentar a fera juntos. Nós o fazemos com muita urgência e prazos, ficando todos focados na mesma coisa por períodos curtos, ignorando tudo, exceto nossos sucessos. Ficamos obcecados com projetos. Não há tolerância com contraordens, ideias alternativas, versões diluídas, com "sim, mas..." ou com a introdução de novos temas.

Quando é dada uma ordem para fazer algo, ela precisa ser clara como o dia, simples, mensurável e alcançável, depois, os executivos devem reforçá-la até que esteja plenamente realizada e os resultados, alcançados. Cada ordem deve vir com uma meta e um prazo. Quanto mais importante a meta, mais frequentemente deve haver um relatório sobre ela.

Na primeira vez em que pedi relatórios de hora em hora sobre as vendas que um departamento havia feito, tive que repetir minha solicitação por dias, porque era muito irreal para o líder da equipe que alguém quisesse verificar algo a cada hora. Mas eu queria os relatórios para que pudesse mexer no programa e garantir que teríamos sucesso. Se isso significasse ter um relatório de nossas vendas a toda santa hora, é o que eu teria que fazer.

REÚNA-SE COM SUA EQUIPE TODO DIA

Tudo que vale a pena fazer vale a pena ser feito todo dia. Se a equipe não se reúne todo dia, ela logo vai virar só um monte de gente indo em direções diferentes. Com o tempo, você não vai maximizar o sucesso que merece, vai fracassar por causa da falta de confiança e de atividade.

> Tudo que vale a pena fazer vale a pena ser feito todo dia.
> #SejaObcecado
> @GrantCardone

Isso é especialmente verdade na área de vendas. Essa área tem uma má reputação porque é cheia de amadores descomprometidos que nunca são responsabilizados, nunca são motivados adequadamente e nem treinados o suficiente. Sua meta de vendas diárias reforça quem você é, o que faz, o que quer de sua equipe, o que espera dela e o que oferece aos clientes. Todas essas coisas alimentam a fera.

INCENTIVE PELA ATENÇÃO

Você ou seu gerente de vendas precisam entrar no setor de vendas toda hora para ver se os membros da equipe não estão se dispersando novamente. Não importa se você só passe pela sala e toque algumas pessoas, dizendo "Tenha um bom dia de trabalho hoje" a um e "Pega o telefone; estamos com pressa para ajudar pessoas" a outro. Deixe que eles percebam que você está prestando atenção. Quando passo pelo nosso departamento de vendas, posso até interferir em uma ligação ou mostrar como se faz. A maior parte do tempo, apenas sua presença vai fazer com que voltem ao objetivo discutido na reunião de vendas.

CELEBRE VITÓRIAS

Um dia, recebi um e-mail de um cliente dizendo que tinha investido US$22 mil em um dos nossos produtos de treinamento de nível iniciante e que havia faturado US$3 milhões em 90 dias. Não foi um mau investimento. Peguei meu telefone, gravei um vídeo rápido no qual eu lia o e-mail e parabenizava a equipe responsável, depois o enviei para o vice-presidente de vendas para que mostrasse para a equipe.

Se você não tem tempo para exaltar sua equipe e as vitórias dela, então suas prioridades estão erradas. Um negócio depende de clientes novos e antigos, e a energia necessária para mantê-los é crucial para seu crescimento. É melhor ficar obcecado com o sucesso de sua equipe ou as pessoas logo vão começar a fazer corpo mole e ficar abaixo da média. Lembre-se: quem não é visto não é lembrado. Se a cabeça não pensa, o corpo padece. Se você agir como se vitórias não fossem importantes, então, sua equipe vai agir como se não fossem.

> Se você não tem tempo para exaltar sua equipe e as vitórias dela, então suas prioridades estão erradas.
> #SejaObcecado
> @GrantCardone

CRIE LEMAS PARA A EMPRESA

Venha aos meus escritórios em Miami e verá os lemas de nossa empresa por toda parte. Eu envolvo meu pessoal com minhas crenças e ditos. Cada porta de cada escritório tem um cartaz que passa uma mensagem em particular para aquele departamento.

- "Estamos com pressa para atender."
- "O sucesso é meu dever."
- "Eu me recuso a permitir que um cliente não feche negócio conosco."
- "Ninguém pode comprar um preço mais baixo."
- "Quando o valor excede o preço, as pessoas tomam decisões."
- "Se o comprador não comprar, é nossa culpa, não dele."
- "Eu me recuso a não ligar novamente para o cliente, mesmo que ele me diga para não ligar."
- "Não comprar meu produto vai te custar mais do que comprá-lo."
- "Eu faço mais do que me pedem."
- "Eu não preciso ficar aqui para sempre, mas estarei plenamente aqui hoje."
- "Eu me recuso a ser mediano."

Encha seus funcionários com mensagens sobre vendas e dê-lhes o que for preciso para que tenham energia, motivação e autoconfiança para fazer aquela ligação a mais. Instigue neles aquilo que você sabe tão bem: que a cada momento eles podem ser obcecados ou medianos e que isso é, na verdade, uma escolha.

Agora que já vimos como alimentar a fera, pessoalmente e em sua empresa, precisamos tratar do outro lado da moeda: matar a dúvida de fome.

CAPÍTULO 5
MATE A DÚVIDA DE FOME

A dúvida é assassina de sonhos. A maioria das pessoas está tão cheia de dúvidas que elas não conseguem acreditar em si mesmas o suficiente para ficarem obcecadas com o próprio sucesso. Em vez disso, deixam que o medo as conduza.

Acredito que sua mentalidade fanática, de se entregar de corpo e alma, da qual todo mundo o fez duvidar, não é o problema. A dúvida é o problema. Ela é a forma de terrorismo mental mais perigosa e insidiosa deste planeta. A dúvida atrapalha pessoas, empresas, casamentos e sonhos. Ela certamente foi o maior problema da minha vida.

No final da década de 1990, me envolvi em um movimento nos EUA em que se tornou popular vasculhar o passado para descobrir a causa dos próprios problemas. Uma enorme indústria multibilionária se formou em torno da ideia de que mamãe ou papai lhe deram muita ou pouca atenção. O foco se tornou a tal família disfuncional e sua busca pela "criança interior". Todo mundo estava falando de como estavam arruinados e como seus pais tinham ferrado com eles. Tudo era tachado de vício ou doença: trabalho, sexo, bichos de estimação, amor, tinha até "vício em vícios". Como sempre fui interessado em me aprimorar, por algum tempo frequentei reuniões de grupos, fui a workshops que ensinavam a técnica dos 12 passos e procurei conselheiros que pudessem me ajudar a encontrar a causa dos meus "problemas".

> A dúvida é a forma de terrorismo mental mais perigosa e insidiosa deste planeta.
> #SejaObcecado
> @GrantCardone

Eis a essência dessa indústria na época: não importa como você seja tachado, no final das contas você era impotente e estava destinado a nunca superar isso. Essa moda continuou pelos últimos 20 anos. Algumas pessoas não têm dinheiro para comprar uma casa, mas todo mundo tem um conselheiro ou um amigo de aluguel que provavelmente vai falar mais do quanto elas são ferradas do que — Deus me livre! — de como são ótimas. Uma vez fui a um conselheiro com minha namorada e disse: "Quero falar sobre como estou ótimo. Quero falar de quantos pontos positivos tenho, de quantos dons tenho. Quero falar de minhas ambições e vitórias." O conselheiro imediatamente me deu uma receita de lítio. Ele claramente achou minha obsessão perigosa.

Estou descrevendo isso para que você entenda contra o quê está lutando quando se compromete com sua obsessão por ser bem-sucedido. Quando comecei a virada em minha vida, fui cercado por toda uma indústria que me dizia que eu tinha cicatrizes emocionais, que era impotente e viciado de diversas formas. Disseram-me que minha natureza obsessiva era parte de minha composição genética, que eu não tinha nenhum controle sobre ela e nenhuma chance de um dia ser livre. Isso me causou profunda confusão e dúvida.

Até que um dia, quando fui a um workshop para homens, olhei ao meu redor e percebi que nenhum desses caras tinha nada que sequer se aproximasse da vida que eu desejava. Eles ficavam botando a culpa nos pais e em todos os fatores sobre os quais não tinham "controle", focados em como estavam destruídos, e assim continuavam. Nenhum deles estava melhorando. Os líderes do grupo tinham casamentos que estavam desmoronando e dificuldades financeiras. Estavam obcecados com os próprios problemas, enquanto eu estava obcecado com o sucesso. Levou um tempo até que eu me tocasse, mas acabei entendendo que não se conserta problemas com problemas, conserta-se com vitórias.

Hoje em dia, só me permito receber conselhos e ajuda de pessoas que estão em situação melhor que a minha. Acredito que, se você for a pessoa mais bem-sucedida do recinto, está no recinto errado.

> Minha vida é pautada pela frase: "Se você for a pessoa mais bem-sucedida do recinto, está no recinto errado".
> #SejaObcecado
> @GrantCardone

Você não já tentou esse negócio de "autodesenvolvimento" por tempo suficiente? Pare de olhar para trás e para o que aconteceu com você. Deixe claro para todos que você parou de botar a culpa nos outros e parou com esse negócio de autodescoberta, que o deixa impotente. Lembre-lhes de não lutar contra seu ímpeto, mas apoiá-lo. Incentive as pessoas a enxergar o que você enxerga, explique o conceito para elas, convença-lhes de que é melhor, ou então exija que se afastem de você.

Sim, você é fanático; e, sim, a missão é impossível; e, sim, você sabe que ninguém nunca fez antes exatamente o que você quer fazer. Mas nenhuma dessas condições é causa para dúvida! Reaja com determinação e se entregue de corpo e alma.

A DÚVIDA E A CULPA ESTÃO MORTAS PARA VOCÊ

Deixe explícito para todos que precisam saber — família, amigos, empregadores, funcionários — que você está preparado para se jogar de corpo e alma em suas obsessões. Diga-lhes: "Estou viciado, obcecado e comprometido com meu futuro, independentemente do meu passado." Deixe-lhes ver que você tirou o pé do freio e só está pisando no acelerador. Deixe claro que não vai tolerar dúvida de ninguém ao seu redor também, que não tem tempo para culpa e que espera apoio total e irrestrito para avançar na vida. A dúvida será tratada como inimiga.

> Estou obcecado com meu futuro, independentemente do meu passado.
> #SejaObcecado
> @GrantCardone

No seu escritório, deixe claro que não vai mais tolerar que os outros duvidem de sua visão ou culpem alguém ou algo pelo próprio fracasso. Avise a todos que você não está desejando sucesso; está exigindo sucesso em níveis em que todos antes achavam impossíveis e espera que todos apoiem, aceitem e tornem realidade.

"Ai meu Deus", você diz, "isso vai causar confusão e rebuliço. Minha família e meus funcionários não conseguem lidar com todas essas mudanças 'obsessivas' de uma só vez. Vai ter discórdia, revolta e confusão."

Mas tudo isso é melhor que dúvida! Essas coisas com que você está preocupado já estão acontecendo — e, o pior, você está conseguindo o sucesso pífio que merece. A dúvida o impediu de chegar aonde quer. Ela o deixou sem um propósito ou uma obsessão. Essa mesma falta de clareza é o que permitiu que a dúvida assumisse o controle.

CUIDADO COM OS LUGARES ONDE A DÚVIDA SURGE

A dúvida surge em áreas de nossa vida das quais achamos que estamos cuidando. Eu sei porque já passei por isso e sofri por causa disso. Tentei a sabedoria convencional, e sei que, para mim, não é uma boa ideia fugir do esgotamento como o Diabo foge da cruz, tirar longas férias e sempre buscar equilíbrio em minha vida. Minha experiência de vida virou todas essas noções de cabeça para baixo.

O MITO DO ESGOTAMENTO

Pouco antes de completar 40 anos, eu estava morando em La Jolla, Califórnia, e administrava uma empresa que realizava 16 seminários de oito horas por mês em diferentes cidades dos EUA. No dia de Martin Luther King, no Dia do Presidente, no Dia do Memorial, no Dia de Ação de Graças, quando todos os escritórios fechavam nos Estados Unidos, eu fazia seminários no Canadá, onde os escritórios estavam abertos. Quando eu não passava o dia inteiro diante de uma plateia, trabalhava na minha empresa de consultoria. Meu calendário era frenético. Havia dias em que eu nem sabia em que cidade estava.

Quando estava prestes a completar 40 anos, comecei a ter o que os outros descreviam como esgotamento. Perdi meu brio: estava cansado, irritável, mal-humorado e estava ficando mandão como aquelas estrelas de que se ouve falar. Não gostava de como estava agindo. Consultei-me com uma nutricionista e tentei meditação. As pessoas me diziam que eu parecia cansado, que estava trabalhando demais e que minha vida estava desequilibrada. Já tinha ouvido isso tudo antes, mas, desta vez, aceitei o que todo mundo estava dizendo e comecei a repetir para mim mesmo.

Decidi avaliar bem minha situação atual para ver o que tinha que fazer para voltar a ser obcecado e apaixonado com o que estava fazendo em vez de me sentir esgotado. Para mim, não fazia sentido que eu pudesse estar cansado simplesmente porque estava trabalhando e viajando demais. Esse foi o trabalho mais fácil que já tive em minha vida. Estava de pé diante de centenas de vendedores profissionais, falando para eles como aumentar suas vendas! Eu era jovem, tinha muita energia e não me importava em trabalhar muito.

Sentei-me com uma folha de papel e fiz um inventário da minha vida. Perguntei-me: *Qual é o meu propósito e o que estou fazendo atualmente? Se eu retornar ao meu propósito e esclarecer meus objetivos,* pensei, *volto para os trilhos.*

Enquanto escrevia, a verdade apareceu, como sempre aparece, imediata e claramente. Eu tinha me desviado de meu propósito; não estava mais obcecado por meus grandes objetivos e tinha me acomodado, simplesmente ficando ocupado e tendo um sucesso financeiro modesto. Nada disso se alinhava, de jeito nenhum, com o que eu sabia que era capaz.

O "esgotamento" tinha começado porque não estava mais obcecado com atender ao meu propósito monstruoso e com continuar ampliando o que estava fazendo. Os seminários tinham ficado repetitivos. Eu era um palestrante com um discurso repetitivo: mesma coisa, público diferente. Mas meu objetivo nunca foi só viajar para falar com plateias e receber dinheiro. Mesmo assim, eu tinha deixado de ser uma pessoa com um sonho de ser um empresário sério para ser apenas mais um palestrante.

Quando me dei conta disso, comecei a me perguntar: "O que eu preciso fazer para ficar obcecado com o que estou fazendo novamente?" Eu andava fascinado com a ideia de criar uma nova maneira de vender que transformaria o mundo, não apenas uma indústria (nessa época, estava falando apenas com o ramo de automóveis). Também lembrei a mim mesmo de que sempre quis ter uma grande empresa imobiliária.

Decidi dividir minha empresa. Criaria uma empresa de consultoria para a indústria de automóveis, ampliaria minha marca de palestras para atender outras áreas e entraria para valer no negócio imobiliário.

No final das contas, eu não estava esgotado. Assim que reafirmei meu propósito, imediatamente me senti rejuvenescido e empolgado. Deixei de pedir conselhos a pessoas medianas, parei de me questionar e entrei com tudo em meu propósito. Retomei o foco em minha obsessão por atingir meu pleno potencial, e não apenas em ser financeiramente bem-sucedido.

Agora, o desafio era tornar essa obsessão pública e conseguir ajuda para chegar lá. Em poucos meses, havia uma empresa de divulgação promovendo minhas palestras, um sócio assumindo o setor automotivo e outro sócio, que entrou só com o trabalho, me ajudando a adquirir e administrar imóveis. Logo me vi de volta aos trilhos e avançando mais rápido que nunca.

Quando seu propósito for claro, você nunca vai ficar esgotado.

O MITO DAS FOLGAS E FÉRIAS

Sei que é uma ideia muito popular achar que se precisa de férias e folgas para relaxar e se desligar. Na realidade, porém, a maioria das pessoas não está em uma posição para tirar férias longas o suficiente para espairecer. E, embora umas férias possam parecer um alívio, o sentido de se afastar é revigorar não apenas o corpo, mas também o propósito.

Acredito que, quando você está totalmente obcecado por atingir seu pleno potencial e dar uma contribuição monstruosa ao mundo, vai naturalmente se revigorar e arranjar nova energia. Já tive férias que exigiram mais energia que o próprio trabalho. Por quanto tempo você consegue jogar golfe? Por quanto tempo consegue ficar no sol?

As pessoas morrem de vontade de tirar férias porque acreditam que "um tempo longe" vai revigorá-las. A única coisa que vai realmente revigorá-lo é ficar "reobcecado" pelo seu propósito. É por isso que muitas pessoas bem-sucedidas não veem o trabalho como trabalho.

> A única coisa que vai realmente revigorá-lo é ficar obcecado por seu propósito.
> #SejaObcecado
> @GrantCardone

Acredito também que tempo livre é uma das maiores ameaças ao seu sucesso. Tenho uma frase para isso: "Se quer conhecer o diabo, tenha um dia vago em seu calendário."

Tirar folga no começo de minha carreira como empreendedor quase descarrilou minha vida. Quando fiquei determinado a me virar sozinho, cometi o erro de, novamente, dar ouvido a amigos que diziam que eu estava trabalhando demais. Eles diziam que uma folguinha me faria bem. Então, em vez de cair de cabeça em minha nova empreitada e obsessão, desacelerei. Comprei uma casa em Houston e arranjei uma namorada. Gastei US$2 mil em um computador novo. Ia para meu pequeno escritório e passava o dia planejando, organizando, escrevendo e aprendendo a usar meu computador novo. Não tinha pressa.

Quando digo que "não tinha pressa", quero dizer que se passou um ano e eu não tinha nem começado a realizar qualquer trabalho de verdade. Um dia, liguei para o trabalho de Gary, meu irmão, para saber como ele estava. Ele disse: "Grant, para de ligar para o meu trabalho durante a semana. Eu tenho coisas para fazer. Quando você vai começar a ligar para os seus clientes e construir sua empresa?"

Aquilo me acertou em cheio, porque era verdade. Eu tinha trocado minha obsessão, que achei que estava perseguindo, por sair com meus "amigos" para o cinema, futebol e churrascos no fim de semana, e introspecção demais. Caramba, eu tinha passado todo aquele tempo aprendendo a usar o sistema de registro de informações de clientes no meu computador, mas não tinha nenhum cliente para colocar no arquivo de dados! Quando meu irmão jogou na minha cara, isso entrou na minha cabeça e me deu a inspiração de que eu precisava para colocá-la no lugar, mergulhar completamente e com total obsessão em minha nova empresa. Na segunda-feira seguinte, eu estava em um avião para Albuquerque, pronto para me comprometer novamente com meu plano.

Não fico feliz a menos que esteja trabalhando. Isso não é um defeito; isso me torna produtivo. Simplesmente, quanto mais produtivo eu for, mais feliz fico. Você pode ficar também, independente do que os outros disserem. Eles não sabem o que você quer. Não permita que ninguém lhe diga como deveria se sentir a respeito de sua obsessão pelo sucesso. E pare de pedir desculpas ou tentar entender aqueles que se gabam orgulhosamente de dizer "Eu não quero tudo".

> Não fico feliz a menos que esteja trabalhando. Isso não é um defeito; isso me torna mais produtivo.
> #SejaObcecado
> @GrantCardone

O MITO DO EQUILÍBRIO

Todo o conceito de ter equilíbrio na vida é ridículo. Eu não estou tentando equilibrar minha vida: quero acabar com o equilíbrio.

As pessoas muitas vezes acham que, se ficarem completamente obcecadas por ser excelentes e dominar, algo deve ser sacrificado, seja seu tempo com a família, uma boa rotina na academia, hobbies, ir para a igreja, ler ou seja lá o que for.

Errado! A obsessão não tem a ver com se acomodar ou sacrificar coisas que são importantes para você. A obsessão tem a ver com ter tudo: saúde, fé, família, carreira, dinheiro. Você não precisa escolher se prefere ter dinheiro ou saúde. "Ambos" é a única resposta.

> Obsessão não tem a ver com se acomodar ou sacrificar coisas que são importantes para você, tem a ver com ter tudo isso. **#SejaObcecado @GrantCardone**

Você não precisa escolher entre isto e aquilo, entre sucesso e uma boa vida. Isso fica para os medianos, que perderam o controle sobre o próprio futuro. Pessoas obcecadas exigem tudo e conseguem tudo. Não estão preocupadas com "equilíbrio".

Aceite conselhos daqueles que descobriram como fazer tudo, não apenas uma parte; e, definitivamente, não aceite daqueles que desistiram do sonho. As pessoas que sugerem que você viva sua vida fazendo trocas e buscando equilíbrio não sabem nada sobre como alcançar uma vida extraordinária.

Não estão tentando construir legados nem mudar o mundo e admitem orgulhosamente para quem quiser ouvir: "Não preciso disso"; "Estou feliz com uma vida normal"; ou "Só quero ser feliz."

Eu acho que essas pessoas sequer sabem do que estão falando, porque, para mim, não estão "equilibradas" — vivem pela metade.

HATERS E PESSIMISTAS

Se vai assumir suas obsessões plenamente, você deve estar pronto para lidar com aqueles que serão críticos, invejosos e, até pior, aqueles que duvidarão. Gosto de chamá-los de "haters e pessimistas". Você ficará cercado por ambos se quiser ser bem-sucedido. Na verdade, quanto mais bem-sucedido for, mais haters e pessimistas vai atrair.

> O mundo está cheio de pessoas que desistiram dos próprios sonhos e agora passam a vida tentando fazer os outros desistirem dos deles.
> #SejaObcecado
> @GrantCardone

Eu lhe garanto que, quando você tornar pública sua decisão de se jogar de cabeça em suas obsessões, vão aparecer haters e pessimistas de todos os lados com opiniões não solicitadas sobre como isso é errado e ridículo. A dúvida, o medo, a inveja e os conselhos deles para desistir vão chegar de todas as direções. Caramba, é capaz de alguns aparecerem só de você estar lendo este livro.

É preciso tomar cuidado para você mesmo não ser um dos muitos haters e pessimistas. É necessário lidar com qualquer dúvida que tiver sobre si mesmo. Supere esses pensamentos com este exercício, que vai fazê-lo se focar em seus objetivos grandiosos.

Tenho ideias enormes, loucas. São tão excepcionais que mesmo os obcecados acham que elas passam do limite. Se elas são loucas para mim, o que uma pessoa mediana pensaria ou diria ao ouvi-las?

- Sete bilhões de pessoas vão conhecer meu nome.
- Vou ter uma empresa de capital aberto com um fundo de mais de US$4 bilhões em títulos imobiliários.
- Vou produzir um programa de TV que vai ser um sucesso.
- Vou me candidatar à presidência em 2020.

Agora é sua vez. Faça uma lista com seus objetivos loucos, ou, melhor ainda, pegue os objetivos que você já começou a anotar no exercício do Capítulo 3.

Ao ler esses objetivos, você ouviu uma voz em sua mente dizendo: "Sem chance"? Ela vai começar a fazer comentários sobre como suas ideias são impraticáveis, absurdas e impossíveis. Essa voz vai dizer coisas como:

- *Onde você vai arranjar tempo para isso?*
- *O que você está fazendo para conseguir isso?*
- *Você está velho demais para isso* ou *Você é jovem demais para isso.*

Note que você mesmo tem um crítico interno pondo-o para baixo, desencorajando-o e deixando-o angustiado — e você deveria estar do seu próprio lado!

O que pode dizer para si mesmo? Quando duvido se consigo, por exemplo, construir um império imobiliário de US$4 bilhões, rapidamente pego um lápis e escrevo o número US$4.000.000.000. Depois, penso sobre como estou perto desse objetivo e o anoto (US$400 milhões, o que tenho neste momento). Também penso sobre quem mais conseguiu e quantas vezes isso já foi feito. Com isso, volto imediatamente aos trilhos com a plausibilidade dos meus objetivos, em vez de ficar com dúvidas sobre eles. Tire da sua cabeça e ponha no papel, depois se foque em como você pode, em vez de em como não consegue.

Já existem pessimistas e haters demais. Não posso me dar ao luxo de ser um deles, nem você.

> Já existem pessimistas e haters demais. Não posso me dar ao luxo de ser um deles, nem você.
> #SejaObcecado
> @GrantCardone

Quando colocar sua cabeça no lugar para não ser seu próprio obstáculo, como reconhecer e eliminar outras fontes de dúvidas em sua vida?

OS PESSIMISTAS

Se os críticos fossem apenas pessoas ruins, que não significam nada para você, tudo bem; mas, infelizmente, entre eles também estarão pessoas que o amam e que se importam com você. E, embora a intenção dos pessimistas não seja necessariamente atrapalhá-lo, seus comentários podem detê-lo, pelo menos momentaneamente.

> Se os críticos fossem apenas pessoas ruins, que não significam nada para você, tudo bem; mas, infelizmente, entre eles também vão estar pessoas que o amam e que se importam com você. **#SejaObcecado @GrantCardone**

Quem poderia lançar um ataque surpresa? Surpreendentemente, estas pessoas: o pai ou a mãe, irmão, namorada, cônjuge, filho, melhor amigo, funcionário, patrão, gerente, colega, estranho, membro do conselho, professor, investidor, mesmo um guru ou coach.

PESSOAS QUE O AMAM E QUEREM QUE VOCÊ SEJA CAUTELOSO

Todos os pessimistas são parecidos. Alguma dessas frases parece familiar?

- "Tenha cuidado."
- "Cuide-se."
- "Seja paciente."
- "Vá com calma."
- "Por que correr risco?"
- "Seja cauteloso."

- "Você não precisa fazer isso."
- "Nós amamos você do jeito que é."

E daí por diante. Elas se importam com você, mas isso não significa que tenham o direito de distraí-lo de seu destino.

Minha mãe era minha melhor amiga e uma das minhas maiores fãs. Ela também era minha maior pessimista, afinal, era mãe e protetora. "Tenha cuidado", ela dizia, ou, "Você não consegue simplesmente ficar satisfeito com o que já fez?"; "Por que precisa de tanto?" Ela acreditava em mim, mas, mesmo assim, era uma pessimista. Mesmo em sua própria vida, a primeira reação a quase tudo era sempre "não", e foi assim por anos.

Eu sempre quis impressioná-la. Mesmo aos 50 anos e com diversos negócios que já haviam provado seu valor ao mundo, minha primeira inclinação era compartilhar novas ideias e vitórias com a minha mãe. E, toda vez, sem exceção, a reação dela era a de uma pessimista. Ela mostrava sua preocupação e medo por mim.

Aqui estão alguns exemplos:

- No começo da minha carreira, fui até minha mãe e disse: "Mãe, vou largar o emprego e abrir meu próprio negócio." Ela respondeu: "Mas você está indo tão bem! Por que fazer isso logo agora?"
- "Ei, mãe", eu disse, "Vou abrir uma segunda empresa com um sócio." Ela advertiu: "Você sabe que tomaram a empresa do seu pai quando ele arranjou sócios."
- Um dia, anunciei: "Estou começando a investir em imóveis". Ela respondeu: "Como vai lidar com locatários ligando para você à meia-noite por causa de um vazamento?"
- Quando lhe disse que ia realizar o sonho que tive a vida inteira de morar na Califórnia, ela automaticamente falou: "Não consigo nem acreditar que você está pensando nisso! Morar lá é tão caro e todo mundo que vive lá é doido."

A minha mãe nunca abriu um negócio, nunca teve um sócio, nunca investiu em imóveis e só esteve na Califórnia uma vez, mas ela tinha alertas sobre todas essas coisas que eu queria fazer.

Sem sequer perceber o que estava fazendo, minha mãe automaticamente reagia a todas as minhas ideias com cautela. Ela queria que eu fosse cauteloso, que é, no final das contas, a razão pela qual as pessoas que o amam tendem a dizer não para suas ideias. Estão preocupadas com você em primeiro lugar e o instinto delas é proteger você e a elas mesmas. É por isso que a maioria dos conselhos que vai receber não é de apoio, mas para evitar que faça algo que envolve risco.

Recentemente, contei para minha irmã sobre uma empreitada imobiliária em que estava pensando, e ela imediatamente me lembrou de uma vez, muito, muito tempo atrás, em que me meti em uma sociedade e não deu certo. Por que ela sentia necessidade de me lembrar da única vez em que as coisas deram errado? É possível estar nesse setor há 35 anos e nunca ter tido um único fracasso? Mas ela não tem visão de longo prazo, a visão confiante. Ela tem uma visão voltada à cautela. Ela estava sendo protetora — como irmã, não como criadora — e não sabe como sou obcecado por minha obsessão ou como isso me faz feliz. Estava reagindo como família, não pensando como empreendedora.

> A melhor forma de lidar com pessimistas é atingir seus objetivos várias vezes, até que não tenham outra opção senão acreditar em você.
> #SejaObcecado
> @GrantCardone

Nós temos o tipo de relacionamento que me permitiu simplesmente dizer para ela parar com isso. "Eu não preciso de sua dúvida, nem a quero. Quero seu apoio!", respondi. "Aliás, eu amo você."

Em geral, contudo, a melhor forma de lidar com pessimistas é atingir seus objetivos várias vezes, até que não tenham outra opção senão acreditar em você.

"PREOCUPADORES" PROFISSIONAIS

Recentemente, eu estava fazendo um check-up e, quando a médica começou a medir minha pressão, começou com o discurso: "Sabe, pessoas como você costumam sofrer muito estresse. Você realmente deveria...". Mas eu já tinha parado de ouvir.

Eu já ouvi isso muitas vezes, de muitas pessoas. Estão sempre me dizendo como minha vida deve ser estressante, e elas, na verdade, não têm a menor ideia se eu estou estressado ou não. Não estou estressado; estou amando minha vida. Adoro e desejo toda a atividade e todos os novos desafios loucos.

O que esses "preocupadores" profissionais estão realmente dizendo é que eles acham que ficariam estressados se estivessem fazendo tudo que eu faço. Estão dizendo mais sobre eles que sobre mim. Vou falar para você: era aquela médica que parecia estressada, cansada, acabada e derrotada.

PESSOAS QUE DÃO CONSELHOS NÃO SOLICITADOS NEM TESTADOS

Pessoas que dão conselhos não solicitados são aquelas que sabem de tudo, mas nunca fizeram nada. Independentemente de suas intenções, os conselhos que dão geram dúvidas em você:

- "Você não consegue simplesmente ficar feliz?"
- "Quando você vai achar que tem o suficiente?"
- "Isso é ótimo, mas você sabe que nós o amamos do jeito que é."
- "Você já não tem seguidores o suficiente no Twitter para passar sua mensagem?"

Tive que ouvir conselhos não solicitados e ditadozinhos inúteis, ainda que populares, de incontáveis pessoas a minha vida inteira. Com quem essas pessoas estão falando, afinal? Elas estão tentando me convencer ou se convencer de que ter menos é melhor? Quer os conselhos venham de parentes, quer venham de "especialistas" em negócios que você contratou para ajudá-lo, receba-os com um pé atrás, porque, se os levar a sério, vai sentir a fisgada da dúvida.

Quando as redes sociais apareceram, eu sabia que seriam algo monstruoso, e também sabia que eu era obcecado por ser conhecido por toda parte. Comecei a postar e depois me disseram que eu estava postando demais. "Especialistas" me aconselharam a postar menos. Quem faz essas regras? E onde está escrito o quanto eu posso postar? Onde as pessoas conseguem esses dados? Eu queria saber quem estava dizendo aquilo, quantos seguidores tinha e o quanto interagia nas plataformas.

Meu irmão me disse: "Cara, você posta demais". Eu respondi: "Me exclua. Meu perfil não é para você, é para 7 bilhões de pessoas que não me conhecem." Toda vez que alguém da minha equipe dizia "Você está postando demais. As pessoas estão reclamando", eu pensava: *a CNN fica no ar 24 horas por dia, sete dias por semana, 365 dias por ano. E, quando as pessoas se cansam dela, mudam para a Fox ou outro canal que cospe informações horríveis em tempo integral. Depois, abrem a Netflix, onde conseguem milhões de anos em conteúdo lixo.* Minha conclusão foi de que, se você tiver ótimo conteúdo e estiver dando ótimas informações às pessoas, pode postar a cada 15 segundos, se quiser.

Às vezes, postamos algo novo no Twitter a cada cinco minutos. Isso parece demais? Você só diz sim porque não entende o tamanho do universo das redes sociais. Segundo a Excelacom, em 2016, em um minuto, houve na internet 2,78 milhões de visualizações no YouTube, 2,4 milhões de buscas no Google, 31.194 postagens no Instagram e 347.222 tuítes… Sem falar em tudo o mais que foi postado em todas as outras plataformas.

Se eu perder seguidores porque posto demais, presumo que não fariam negócio comigo de qualquer jeito. Se alguém vai embora porque eu pressiono demais, ligo demais ou envio e-mails demais, então é provável que não seja o tipo de pessoa com quem quero fazer negócio — e também não é o tipo de pessoa que entende o que significa ser obsessivo.

> Se alguém vai embora porque eu pressiono demais, ligo demais ou envio e-mails demais, então, provavelmente não é o tipo de pessoa com quem quero fazer negócio. **#SejaObcecado @GrantCardone**

Em uma palestra em Austin, alguém me disse: "Grant, você posta demais. Tive que bloquear você." Respondi: "Falem bem ou falem mal, pelo menos você me conhece." O que é mais interessante é que esse cara que tinha me bloqueado estava agora pagando para me ver pessoalmente.

PESSOAS QUE JUSTIFICAM A PRÓPRIA MEDIANIDADE

Entenda que os pessimistas estão tentando se proteger de serem lembrados de que se relegaram a uma vida mediana. Eles não conseguem lidar com o fato de você fazer algo grandioso porque isso vai desafiar as justificativas que deram para as próprias decisões. Você é uma ameaça a todas as coisas medianas. Você lembra a esse tipo de pessoa que ela se acomodou!

Não consigo falar quantas vezes disse a alguém que estava escrevendo um livro e a resposta foi: "Sabe, escrever um livro dá trabalho"; ou "As pessoas não leem mais livros"; ou "Você sabia que a maioria dos livros nunca é publicada?"

Essa é a voz dos pessimistas que precisam entender o fato de não fazerem nada, que precisam defender o direito de serem medianos. Eles nunca escreveram aquele livro que sempre quiseram escrever!

Não importa se a intenção deles é ajudá-lo ou atrapalhá-lo. Se lhes der ouvidos, o resultado vai ser o mesmo: vão detê-lo e colocar dúvida e confusão em seus já difíceis objetivos, tornando uma atividade difícil mil vezes mais difícil.

OS HATERS

Os pessimistas que descrevi anteriormente são pessoas que supostamente estão do seu lado, não o atrapalhando intencionalmente. A negatividade delas muitas vezes pode ser superada simplesmente entendendo por que dizem o que dizem.

Mas há aqueles que são realmente invejosos e amargurados e se sentem ameaçados por qualquer pessoa bem-sucedida. Essas pessoas não produzem nada; apenas tentam deter aquelas que produzem.

O que separa os pessimistas dos haters é a intenção por trás de sua negatividade. O pessimista pode ser alguém próximo que realmente quer o melhor para você. O hater, por outro lado, não quer que você se dê bem, quer que fracasse.

> Os haters vão odiar, enquanto os obcecados vão produzir.
> #SejaObcecado
> @GrantCardone

Os haters são muito mais fáceis de identificar e entender, porque realmente não querem o melhor para você. Vão mentir e trapacear. O seu objetivo é não entrar na deles ou se distrair com os esforços deles. A única coisa que produzem na vida é ódio. Já que não conseguem criar nada, passam a vida tentando impedir quem consegue. Os haters vão odiar, enquanto os obcecados vão produzir.

Já tive muitos haters na vida e estou convencido de que não estaria onde estou hoje sem eles. Todos contribuíram com o meu sucesso. Eis alguns deles:

- Os jogadores de futebol americano que me batiam no ensino médio.
- O gerente do McDonald's que me demitiu quando eu tinha 15 anos.
- O conselheiro que me disse que eu nunca conseguiria ficar limpo.
- O gerente de vendas que tentou várias vezes me demitir no começo da minha carreira com vendas.
- Os dois bancos que me recusaram empréstimos para o meu primeiro negócio imobiliário porque eu não tinha experiência.
- Os concorrentes em minha carreira como palestrante que se sentiam ameaçados por minha presença e inventavam mentiras sobre mim se eu conseguisse fechar negócio com um cliente.
- A empresa de relações públicas em Los Angeles que disse que eu me expunha demais e deveria tirar todos os meus vídeos da internet.
- Os gurus das redes sociais que disseram que eu era exibido demais.
- As editoras que recusaram meu primeiro livro.

Os haters estão sempre dizendo muito mais sobre si mesmos do que sobre as pessoas que odeiam. "Ele é tão cafona, exibindo seu jatinho Gulfstream" na verdade quer dizer "Por que eu não tenho um jatinho?" "Ele fala de dinheiro o tempo todo!" quer dizer "Estou tentando entender por que tenho problemas com dinheiro." "Ele se exibe demais" quer dizer "Eu não me exibo o suficiente." Quando mostram ódio por mim, estão tentando entender por que desistiram.

Se você não tem haters, não é obcecado. Se não coleciona haters, não está fazendo nada. Se não tem haters, não é uma ameaça para ninguém.

Um indício garantido de que você está conseguindo algo e fazendo as coisas acontecerem é arranjar e ter haters.

Sua função não é se dar bem com haters. Você não precisa se livrar deles e nem lidar com eles. Sua função é continuar obcecado por suas obsessões até que se concretizem, e depois ficar ainda mais obcecado.

OS HATERS SÃO, NA VERDADE, SEUS MELHORES DIVULGADORES

Não gosto que as pessoas digam coisas horríveis, desprezíveis e mentirosas sobre mim, mas, como sei que faz parte de ser bem-sucedido, aprendi a aceitá-las. Elas me divulgam de graça à custa do próprio tempo e energia. E, lembre-se, quando os haters estão destilando ódio, não estão produzindo nada a não ser mais coisas para aqueles que odeiam.

> Quando haters estão destilando ódio, não estão produzindo nada.
> #SejaObcecado
> @GrantCardone

Quando as pessoas me detratam em público, estão me divulgando, divulgando meu nome e minha marca. Por favor, escrevam sobre mim. Digam ao mundo por que discordam de mim. Digam ao mundo porque eu sou horrível. Porque, falem bem ou falem mal, ao menos sou conhecido.

Os haters vão divulgar você, enquanto os pessimistas não. Os pessimistas não vão contar ao mundo como suas ideias são loucas, porque estão preocupados com você e tentando protegê-lo. Mas os haters vão contar ao mundo sobre você, sobre suas ideias e sobre como você é louco. Eles vão divulgar você até mesmo mais que seus maiores fãs. Quando piram em público porque você está tornando possível algo impossível, quando tentam derrubar seu perfil em alguma rede social, eles o estão divulgando ainda mais. Na verdade, quanto mais bem-sucedido fico, mais os haters gritam sobre mim. Sempre digo às pessoas: "Se eu conseguisse fazer metade das pessoas nos Estados Unidos me odiarem, poderia ser presidente!"

> Os haters vão divulgar você até mesmo mais que seus maiores fãs.
> #SejaObcecado
> @GrantCardone

Transforme a negatividade dos haters em combustível para sua obsessão. Não tente escorraçá-los.

HATERS LHE DÃO ÓTIMAS IDEIAS

Use a energia negativa que os haters fornecem para alimentar algo criativo.

Uma vez alguém escreveu uma postagem horrível e nojenta em um blog, alegando que eu era completamente egoísta por ter esperado até os 51 anos para ter filhos. Isso foi a coisa mais insana que eu já tinha ouvido. A verdade é que esperei até os 51 porque minha esposa não engravidou antes, embora nós viéssemos tentando.

Minha reação não foi bloquear essa pessoa, retaliar, debater ou me defender. Na verdade, ela me inspirou a criar o *G & E Show* com minha esposa. Toda semana, nós nos sentamos diante das câmeras e falamos sobre desafios do casamento, dos filhos e dos negócios.

Deixe os haters ajudá-lo a ser um criador!

OS HATERS INDICAM QUE VOCÊ ESTÁ NO CAMINHO CERTO

Quando as redes sociais entraram em cena fazendo muito sucesso, havia algumas convenções sobre seu uso. Dois apresentadores usaram meu nome e meus hábitos de postagens como exemplo do que não fazer nas redes sociais. Minha resposta não foi devolver o ataque nem entrar em uma discussão. Simplesmente concluí que a detratação era um indicativo de que estava fazendo a coisa certa. Pensei que, se estavam falando sobre mim por conta do que já havia feito até então, se fizesse 10X mais, as reclamações deles pelo menos continuariam a me divulgar.

Com o tempo, embora não tenham me divulgado, as evidências mostraram que eles estavam errados. Minha audiência online aumentou 200%, e, hoje, minha empresa está prestes a alcançar 200 milhões de acessos em nossas postagens, vídeos e blogs. E essas "autoridades", que achavam que sabiam de tudo? Deixei-os na poeira.

IGNORE OS QUE DUVIDAM E CONTINUE NOS TRILHOS

O verdadeiro perigo que haters e pessimistas trazem é a possibilidade de tirá-lo dos trilhos. Se você não expulsar todas as dúvidas e confusão que eles atiram em sua direção, vai perder.

Você deve estar disposto a cruzar a faixa de segurança na vida e nos negócios. Os maquinistas são colocados na condução para manter as coisas funcionando bem e sem sobressaltos, para que o trem não vá rápido demais e exploda. Mas os obcecados estão dispostos a passar o limite de segurança do trem, e isso assusta o público geral.

Os obcecados não estão interessados em concursos de popularidade ou qualquer coisa que tenha a ver com a opinião majoritária. Os obcecados têm sonhos gigantescos e ficam confusos com o fato de que tantas pessoas pensam tão pequeno. Eles não entendem por que ficou tão popular a ideia de não pensar grande e ficariam mais decepcionados por não conseguir atingir um alvo enorme do que por nunca ter tentado atingi-lo. Haters e pessimistas não alcançam nada, só falam.

> Os obcecados não têm compromisso com a popularidade, têm compromisso com o sucesso.
> #SejaObcecado
> @GrantCardone

Ninguém cria um negócio que bomba ou algo que faz um sucesso estrondoso atendo-se ao que as pessoas esperam dele. Os pessimistas vão alertá-lo e os haters vão gritar. Deixe-os para lá. É claro que você sabe que seus objetivos vão irritar as pessoas medianas que o amam e enlouquecer os que desistem fácil. Dizer aos pessimistas que você não vai mais lhes dar ouvido não é tarefa fácil. Mas você precisa ficar tão confortável e seguro com sua obsessão a ponto de não escutar ninguém que diga ser melhor duvidar e ficar confuso.

Use os pessimistas como guia e os haters como combustível. Não lute contra eles e, claro, nunca tente domar suas obsessões. Pessoas obcecadas não ficam pedindo permissão nem buscando aprovação. Elas não precisam de ninguém dizendo que as ideias delas são "razoáveis". Em vez disso, sua resolução interna as faz criar o impossível, explodir ideias e ultrapassar fronteiras.

Elas criam novos ambientes porque invadem a realidade convencional, entrando sem permissão nem aprovação e saindo após redefinir tudo.

O sucesso é a vingança final contra os haters, críticos e pessimistas. Eu sei que é muito imaturo de minha parte, mas adoro saber que todas as pessoas que me fizeram mal ou me descartaram podem me ver andando de jatinho particular; ler sobre mim em uma revista, abrir o Twitter, o Facebook ou o Periscope e ver minhas postagens sendo compartilhadas e curtidas; ou ver meus livros nas vitrines das livrarias dos aeroportos. Mal posso esperar para fazerem um filme sobre mim e colocarem cartazes com minhas fotos em prédios e ônibus!

> Um enorme sucesso é a vingança final.
> **#SejaObcecado**
> **@GrantCardone**

CAPÍTULO 6
DOMINE PARA VENCER

Você pode ter energia ilimitada, uma motivação extremamente intensa e sonhos tão grandes que o fazem acordar suado no meio da noite, mas, se não tiver domínio sobre todas as áreas da sua vida, vai ser soterrado por muitos tipos de forças destrutivas.

Ter domínio sobre sua área começa com você e, depois, com as pessoas que trabalham para você; em seguida, seus clientes e concorrência. Tornar-se uma presença imponente, o exemplo, significa que você deve ser o líder em todas as áreas. Se conseguir ter controle sobre seu próprio pensamento, sobre o pensamento dos funcionários, dos concorrentes e do público, então você se apossará da área.

A primeira vez que escrevi sobre o conceito de domínio foi no meu livro *If You're Not First, You're Last* ["Se Você não For o Primeiro, Será o Último", em tradução livre]. A maioria das pessoas entende errado o que quero dizer com "domínio". Elas achavam que eu estava falando de superar a concorrência. Mas o verdadeiro domínio — e a verdadeira obsessão — começa com o domínio sobre si próprio.

Pode parecer fácil, mas muitas pessoas nunca controlam este conceito: você não consegue ter domínio sobre seu negócio ou sobre sua vida — caramba, você não consegue nem criar uma cultura empresarial ou familiar — a menos que tenha sobre sua própria mentalidade. Isso é feito tendo controle sobre seu pensamento, suas ações e suas escolhas.

É uma má ideia ignorar suas ambições, sua energia e sua obsessão, mas é pior ainda deixá-las correr soltas. Elas podem ser como um cavalo selvagem, correndo em disparada para todas as direções, desperdiçando energia e recursos com um monte de esforço que não produz nada.

> O verdadeiro domínio — e a verdadeira obsessão — começa com ter domínio sobre si próprio, não sobre os outros.
> #SejaObcecado
> @GrantCardone

Não faça experiências com cada ideia que você, sua família ou sua equipe tiver se essas ideias nunca tiverem sido tentadas, testadas ou comprovadas. Não estou falando para não experimentar, apenas o faça quando estiver trabalhando a todo vapor em coisas que sabe que funcionam. Porque recorrer ao manual de outra pessoa quando o que você tem está dando resultado?

A autoconfiança é crucial não só para se manter no rumo, como também para defini-lo, reforçá-lo para todos e depois garantir que você vai vencer. A melhor maneira de ganhar autoconfiança é tendo domínio sobre seu espaço e sobre tudo que há dentro dele.

TENHA DOMÍNIO SOBRE SI

Quando você negligencia o domínio e o controle de si mesmo, pode desperdiçar anos de sua vida.

É aí que o exército beneficiaria a todos: com sua estrutura, sua ética, regras, ordens e a execução de tarefas sem questionamentos. Na vida civil, a maioria das pessoas não atua de acordo com uma cultura ou mentalidade de ser pontual, se vestir de forma adequada, trabalhar com o máximo da própria capacidade e seguir ordens. Visto que ninguém está definindo um rumo claro, sua energia vai para todos os lados e para lugar nenhum.

O momento em que me senti mais confuso na vida foi quando tive mais opções do que conseguia dar conta. O que percebi foi que, no final das contas, cabe a você definir suas próprias regras. Desenvolva a capacidade de desmembrar e analisar cada área de sua vida, de modo que possa ter domínio sobre quais são mais importantes para você. Transforme-as em um combustível essencial para suas obsessões.

DOMINE SEU PENSAMENTO LIMITADO

Quando abri meu primeiro negócio de treinamento em vendas, eu era o único funcionário no começo. Desempenhava todas as funções da empresa, da contabilidade às entregas. Minha vida girava em torno de descobrir o que tinha dado certo, repeti-lo, consolidar as vitórias e a energia e fazer tudo de novo.

Embora estivesse obcecado com o trabalho e ele estivesse dando retorno financeiro para mim, era neurótica e incontrolavelmente arrastado pela dor, a perda, o medo, a escassez e a insegurança, certo de que o sucesso não ia durar muito. Era levado a trabalhar até 19 horas por dia, não pelo meu propósito, mas pela necessidade como proprietário e único funcionário. Estava sendo levado pelo medo. Embora a obsessão estivesse funcionando para mim em algumas áreas, a realidade era que eu não tinha me permitido plenamente fazer algo grande nesse espaço.

Não convém que problemas que estão além do seu controle definam sua direção, porque você não os controla, e nem consegue. Se seus problemas se apossarem de você, é só uma questão de tempo até que o levem a uma destruição atormentadora. Até aprender a se livrar de coisas negativas e se focar completamente em seu potencial e em seus objetivos, de alguma forma, você sempre vai sentir que está deixando a desejar. Mas, quando define suas verdadeiras obsessões e faz delas aquilo em que investe todo seu tempo e energia, tudo começa a mudar. Você vai ficar obcecado por opção, não pela dor.

> Tome as rédeas de crenças ou comportamentos que o prejudicam, o atrasam ou o distraem.
> #SejaObcecado
> @GrantCardone

Até descobrir como se livrar de todo aquele pensamento limitante, foque-se em tomar as rédeas de crenças ou comportamentos que o prejudicam, o atrasam ou o distraem. Se sabe que é fraco em uma determinada área, mexa-se para dominar o problema para que ele não seja mais uma questão. Se o álcool for um problema para você, tire-o de casa. Se seu vício for fumar maconha, jogue-a descarga abaixo. Se boates de striptease não são o lugar onde você vai encontrar sua alma gêmea, então pare de frequentar. Não existe domínio sem disciplina.

Da mesma forma, tenha cuidado com quem você passa seu tempo. As pessoas em sua vida podem ser boas ou más influências. Não há área cinza. Se você não souber de que lado elas estão, não deve passar tempo com elas. Eu não vou passar, nem passo. Preencha seu tempo com quem o apoia.

DOMINE SEU TEMPO

As pessoas constantemente me perguntam: "Como você consegue fazer tudo?" Fácil: tomo nota das partes da minha vida em que quero ser excelente e depois fico obcecado com arranjar tempo para elas, em vez de arranjar desculpas.

O fato é: comprometi-me a arranjar tempo para minha família. Para conseguir, tenho que ser inteligente. Eu acordo os meus pequenos toda manhã e vamos de carro até a cafeteria, onde ficamos um tempo juntos. Depois de bons 15 a 30 minutos de tempo de qualidade, para eles já chega. Quando voltamos para casa, eles comem e todos nos preparamos para a escola ou para o trabalho.

As crianças não precisam de horas do seu tempo, só precisam de um pouquinho. Ficando comprometido a passar tempo com meus filhos e sendo criativo nisso (ficando com eles de manhã e não à noite, por exemplo, ou os levando para a academia comigo), faço com que meu tempo se adeque às minhas necessidades. Eu não administro o tempo, eu crio o tempo.

> Eu não administro o tempo, eu crio o tempo.
> #SejaObcecado
> @GrantCardone

Aliás, não se trata apenas das necessidades das crianças: os pais precisam de tempo juntos também. Meu casamento também não existe em um vácuo; cuidar dos negócios, do casamento, da família e do resto da vida é um desafio. Eu e minha esposa fazemos tudo que conseguimos juntos nos negócios; procuramos oportunidades para trabalharmos juntos e expandir a marca. Pegamos o que cada um de nós faz bem e cada um investe energia nisso. Não peço que ela faça ligações de vendas. Deixo que faça aquilo em que é boa, o que inclui produzir projetos com a Grant Cardone TV e outras coisas.

Uma forma como otimizamos o tempo é ficando juntos enquanto cuidamos dos negócios. Por exemplo, nós normalmente não saímos para jantar sozinhos. Em vez disso, convidamos funcionários e clientes para ir conosco, assim, otimizamos esse tempo também. Não vejo por que gastar dinheiro em um jantar só para nós dois. Prefiro gastar quatro vezes esse valor em um jantar que vai produzir mais oportunidade para nós e nosso negócio. E, honestamente, sair juntos uma ou duas vezes por semana não vai fortalecer um casamento. Temos um casamento forte porque estamos no mesmo passo 100% do tempo, inclusive sobre como enxergamos o tempo.

Como mencionei anteriormente no livro, um espaço vago em meu calendário leva ao tédio, o que já me colocou em problemas antes. Para evitar isso, preencho meu tempo com compromissos e atividades. Hoje, aos 58 anos, eu literalmente corro de uma reunião para outra. Quando vou a uma cidade para uma reunião, encho meu calendário de outras reuniões naquela área.

> Pare de perder tempo com tarefas sem importância.
> #SejaObcecado
> @GrantCardone

Pare também de perder tempo com tarefas sem importância que não alimentam suas obsessões. Por exemplo, outra pessoa pode aparar a grama e lavar o carro se essas tarefas não o aproximam de seu objetivo. Pague outra pessoa para realizar as tarefas que não fazem parte de sua obsessão.

Seu tempo e seu foco são preciosos, então os trate de acordo.

Há tempo para fazer tudo quando você o cria e para de apenas administrá-lo.

DOMINE SEU DINHEIRO

O dinheiro é uma área importante que você definitivamente deve dominar.

Para a maioria das pessoas, o dinheiro é uma preocupação constante, quer estejam falando disso ou não. Toda vez que usam o cartão de crédito, ficam com medo da fatura. Quando vão ao supermercado, têm que tomar decisões sobre o que podem e não podem comprar. Toda vez que recebem um pagamento, são lembrados da forma como pensam sobre o dinheiro.

> A maioria de nós cresce pobre ou na classe média e depois vai viver a vida com essa mentalidade de pobre e de classe média.
> #SejaObcecado
> @GrantCardone

Mas as vidas das pessoas que mal conseguem se virar financeiramente não podem ser consertadas apenas lhes dando mais dinheiro. A maioria de nós cresce pobre ou na classe média e depois vai viver o resto da vida com os alicerces e a mentalidade de pobre ou de classe média. Acabamos cheios de dúvidas e confusos sobre nossas finanças, porque crescemos com pais preocupados, professores sem noção e um governo irresponsável. Ainda assim, mesmo que estejamos atordoados, confusos, apáticos ou mesmo ressentidos por causa de dinheiro, cada um de nós pode trabalhar para superar a mentalidade que herdamos sobre ele.

Sua tarefa é, primeiro, dar um jeito em sua forma de pensar sobre o dinheiro. Quando tiver isso sob controle e estiver dominando suas finanças pessoais, você pode se empenhar em retirar toda dúvida financeira da cabeça de sua família, dos amigos, sócios, funcionários e clientes.

Responder estas perguntas é um exercício que revelará como está sua confiança a respeito de dinheiro e se você o está dominando:

- Qual é o seu mantra em se tratando de dinheiro?
- Qual sua opinião sobre dinheiro?
- Quanto é muito dinheiro para você?
- Quando é dinheiro demais para você?
- Quanto é muito pouco dinheiro para você?
- Quais são suas ideias negativas sobre dinheiro?
- Você passa a maior parte do seu tempo tentando economizar dinheiro?
- Quanto tempo você passa conseguindo mais dinheiro?
- Como age quando vê o preço de algo em uma loja ou restaurante?

Não há respostas certas nesse teste. Meu objetivo é dar um senso de consciência de como você pensa sobre dinheiro e se isso é um problema.

A chave é ser honesto consigo mesmo. Se tiver problema com qualquer coisa na vida, a primeira coisa a fazer é admitir. Se vive constantemente assustado por causa de dinheiro, admita. Só aí você vai conseguir trocar sua mentalidade voltada para a escassez para uma voltada para a abundância.

Não se esqueça: aquilo com que você ficar obcecado vai se tornar uma realidade. Se ficar obcecado com seus problemas financeiros, sempre vai ter problemas financeiros. Se focar entender o que o dinheiro significa para você, positivamente, vai descobrir como ganhar mais.

No começo da minha vida, meus mantras sobre dinheiro eram frases como: "Dinheiro não dá em árvore"; "Mais vale um pássaro na mão que dois voando"; "Não coloque todos os seus ovos em uma só cesta"; "Ficar rico é ganância"; "Pessoas ricas são infelizes"; e daí por diante. Tudo isso indica por que não tinha sucesso financeiro. Eu ia jantar e reclamava do preço de uma refeição que custava US$57; ia ao cinema e reclamava das entradas para um filme em 3D que custavam US$19; depois, ia ao supermercado e reclamava dos US$9 dólares que custavam as bananas orgânicas.

Cinquenta e sete dólares nem são tanto dinheiro assim. Nem US$19, nem US$9. Não me importo para que seja, no contexto geral, simplesmente não é muito dinheiro. Ninguém neste planeta tem um problema de US$57. Ninguém. Por que digo isso? Porque US$57 não podem resolver nenhum problema que você ou eu tenhamos sem nos deixar com outro problema parecido logo depois.

Em 2008, após a economia quebrar, acordei para a realidade. Um banco com o qual eu tinha três grandes empréstimos para negócios imobiliários faliu. Assisti aos milhões de dólares que havia acumulado com trabalho duro desaparecerem da noite para o dia.

O fato de que o banco havia quebrado me fez perceber que todos que param de prestar atenção podem se dar mal. Eu mesmo havia parado de ser obcecado, dado uma desacelerada e ficado satisfeito, gordo e preguiçoso. Jurei que nunca mais o faria de novo. E fiquei obcecado com sair do buraco.

DOMINE A FORMA COMO PENSA SOBRE DINHEIRO

A maioria de nós foi ensinada que o dinheiro é a raiz de todo mal e uma das coisas sobre as quais não se deve falar. Na sociedade, parece que está tudo bem dizer que você está duro ou é de classe média, mas fique rico e não pode mais falar de dinheiro.

Para a maioria das pessoas, ouvir alguém falar sobre seu Rolls-Royce, seu jatinho e o clube seleto que frequenta é como ouvir unhas arranhando um quadro. Por quê? Eu quero lhe dar permissão para falar sobre seu sucesso financeiro.

Em vez de ficar ofendido com aqueles que falam de dinheiro, você deveria evitar aqueles que não falam. E ficar com pé atrás com quem não consegue ganhar dinheiro, com quem gasta tudo ou com quem não assume a conta. Não se pode aprender nada com quem economiza moedinhas e avarentos que fazem questão até de todo e qualquer centavo.

> Em vez de ficar ofendido com aqueles que falam de dinheiro, você deveria evitar aqueles que não falam. **#SejaObcecado @GrantCardone**

Não é verdade que, para ganhar dinheiro, é preciso ter dinheiro. A verdade é que é preciso coragem para ganhar dinheiro — 80% dos milionários de hoje o são de primeira geração. Não herdaram o dinheiro nem começaram sua carreira já tendo dinheiro. Você precisa ser corajoso para fazer contato com novos clientes, ganhar mais atenção e dominar seus novos clientes de modo que eles não pensem em mais ninguém. Ganhar dinheiro, manter dinheiro e multiplicá-lo exige um comprometimento monstruoso, dedicação e uma obsessão com o crescimento. Se você trabalha para outra pessoa, assuma a responsabilidade de fazer a empresa crescer, não apenas ganhar um salário. Isso vai ser vantajoso tanto para o seu patrão quanto para você. Não seja um mero espectador quando se trata de dinheiro. Não deixe de entrar em campo e tentar fazer um gol.

> Não é preciso dinheiro para ganhar dinheiro, é preciso coragem.
> **#SejaObcecado**
> **@GrantCardone**

Há tanto dinheiro neste mundo que é impressionante e, ainda assim, a maioria das pessoas não tem quase nada. A maioria das pessoas não tem dinheiro porque acreditam que há escassez de dinheiro, ou que não o merecem, ou que é difícil conseguir.

É preciso se comportar como se o dinheiro estivesse por toda parte. Todos têm dinheiro e, se forem tratados do jeito certo e receberem o que pediram (e mais até), vão me dar dinheiro alegremente. Meu grito de guerra é: "Quem está com meu dinheiro?"

Quando eu era um jovem vendedor e precisava de sapatos ou um terno novo, ia para o trabalho e me perguntava "Quem está com meu dinheiro para meu terno e sapato novos?" Procurava um cliente para comprar meus produtos e serviços para conseguir dinheiro para o que eu precisava. Quer renda? Em vez de ficar obcecado com nunca ter o suficiente, foque quanto dinheiro existe e como consegui-lo das pessoas que precisam do que você oferece.

O dinheiro está por toda parte, e meu objetivo é conseguir o meu. Por conta dessa mentalidade, o dinheiro vem a mim facilmente, sem esforço e abundantemente. Posso gastar bastante, doar e ainda ficar com muito.

> Meu grito de guerra é: "Quem está com meu dinheiro?"
> #SejaObcecado
> @GrantCardone

DOMINE A MENTALIDADE SOBRE DINHEIRO DAS PESSOAS AO SEU REDOR

Por mais importante que seja dominar sua própria mentalidade sobre o dinheiro, você nunca vai avançar até que faça as pessoas ao seu redor enxergarem e tratarem o dinheiro da mesma forma que você.

Se sua obsessão envolve construir uma excelente empresa, e não apenas trabalhar sozinho a vida inteira, você precisa ficar obcecado por garantir que o dinheiro seja um assunto leve nela. Isso vale para gerência, vendas, financeiro — tudo. Todos precisam de um entendimento sobre dinheiro que esteja de acordo com o seu. Porque, encare a realidade: se você não estiver influenciando a forma como as pessoas pensam sobre dinheiro, alguém está.

É por isso que sua presença e o exemplo que dá em relação ao tópico são cruciais. Sua capacidade de atender o telefone e gerar dinheiro é uma inspiração. Tomar ótimas decisões financeiras de forma recorrente é o que vencedores fazem, e todo mundo quer estar em uma equipe vitoriosa. Você é um exemplo para o seu pessoal: observe a condição financeira daqueles ao seu redor para ver os resultados do exemplo que deu.

> Se você não estiver influenciando a forma como as pessoas pensam sobre dinheiro, alguém está. **#SejaObcecado @GrantCardone**

Seja obcecado com o bem-estar do seu pessoal e vai se tornar um gigante em suas vidas. Mostre a um homem ou a uma mulher como gerar mais dinheiro do que eles jamais imaginaram enquanto perseguem um propósito maior, e vão se tornar leais e dedicados.

DOMINE SUA ÁREA DE ESPECIALIDADE

Torne-se uma autoridade em algo e espalhe sua mensagem. O que você faz melhor que qualquer um? Qual é sua paixão? Sobre o que você tem opiniões fortes? O que é importante que o mundo saiba?

Alguns anos atrás, percebi que me incomodava que havia caras no ramo das vendas que eram mais reconhecidos que eu. Eu ficava mordido que meu nome não estivesse no mesmo patamar que gigantes das vendas como Brian Tracy, Tom Hopkins, Og Mandino, Napoleon Hill e Zig Ziglar. Onde estava meu nome nessa lista? Incomodava-me que as pessoas estivessem interessadas nas informações deles e não lendo as minhas porque não tinham ouvido falar de mim. Mas era minha culpa: eu não havia estado obcecado com a expansão global e tinha me acomodado com o sucesso que havia conquistado.

Para combater isso e descobrir como me tornar conhecido como expert da mesma forma que eles, criei este exercício.

Pegue uma folha de papel. Desenhe seu rosto no centro dela — isso personaliza o exercício e o lembra de quem está no centro de tudo. Depois, desenhe colunas, uma com o título "vida profissional" e outra com o título "vida pessoal". Em cada coluna, escreva em que você é especialista e quais traços acha marcantes.

Minha tabela ficou assim:

VIDA PROFISSIONAL	VIDA PESSOAL
Gênio das vendas	Pai
Venci com esforço próprio	Marido
Autor	Viciado em droga recuperado
Gravei programas	Perdi pai/irmão/mãe
Palestrante	Gêmeo idêntico
Milionário	Filantropo
Investidor no mercado imobiliário	Trabalho com o exército
Tive os impostos auditados e venci	Casei-me com uma atriz
Deixei o estado da Califórnia	Morei em cinco cidades
Cara das redes sociais	Espiritualizado
Faço parte da indústria automobilística	Saudável
Me mato de trabalhar	Consigo tempo para a família

Quando tiver essa lista, comece a desmembrar as categorias. No lado profissional, comecei a pensar no que significava ser um "gênio das vendas". Revolucionei o ramo das vendas quando tinha 30 anos e ainda o faço. Criei programas em áudio e vídeo que foram campeões de vendas e escrevi livros, todos relacionados a vendas e à expansão de negócios.

Ser um gênio das vendas também significava que eu poderia falar sobre diferentes tópicos dentro da área de vendas, como fechar uma venda, atendimento ao cliente, controle de cliente, acompanhamento, ligação ativa, gerir uma equipe de telemarketing, ciclos de vendas longos, vendas no varejo, vendas na internet, webinars, vendas durante uma palestra, vendas de imóveis, vendas de seguro e assim por diante.

Com essa lista pronta, pensei em declarações curtas sobre quem eu sou e por que domino essa área de expertise em particular. Minha declaração era: "Sou o Poderoso Chefão das Vendas. Ninguém é melhor, ninguém é mais atual, ninguém é mais eficiente ou relevante que eu. Pode parecer que estou me gabando, mas não estou, já que é verdade. As maiores companhias do mundo confiam em mim e em minha empresa para ajudá-las a personalizar as abordagens de vendas e de experiência do cliente para aprimorar os resultados."

Em seguida, pensei nos benefícios que poderia oferecer em cada uma dessas categorias para esclarecer ainda mais minha mensagem para o mundo sobre o que eu posso fazer para as pessoas. Sei como ensinar qualquer pessoa a ser excelente em vendas e gostar disso. Posso pegar um bom vendedor e torná-lo ótimo. Posso pegar um ótimo vendedor e torná-lo um mestre. Posso até pegar uma pessoa que odeia vendas e mostrá-la como ser brilhante na área.

Você também vai notar oportunidades para se expandir profissionalmente a partir dos pontos que listou no lado pessoal. Por exemplo, trabalhar no exército me deu a ideia e a paixão para ajudar veteranos em transição com treinamento em vendas. Avançando mais alguns anos, eu estava palestrando para veteranos em transição no Pentágono, em Fort Bragg e Fort Benning, bem como para generais em Bogotá, na Colômbia.

Quando completei minha tabela, ela me deu munição para fazer uma lista de todos os lugares onde eu poderia começar a divulgar minha mensagem — foi assim que comecei a dominar minha marca (falo mais disso na próxima seção). Mas o processo de escrever qual era minha expertise e por que era aquela ajudou a me impulsionar para o próximo nível: ser relevante e obcecado.

Use o exercício anterior para esclarecer em que você é melhor e em que é especialista. Mas, lembre-se: isso vai mudar e se expandir ao longo de sua vida. Retorne a esse exercício e faça-o novamente para lhe dar o combustível de que precisa para dominar qualquer ramo em que esteja.

Mantenha-se no jogo e continue alimentando sua obsessão com dominar sua área — e até várias outras — e vai ver que pode fazer mais do que jamais sonhou.

DOMINE SUA MARCA

Nos últimos anos, me tornei uma das maiores autoridades em redes sociais. Na verdade, estou sendo modesto quando digo isso. No ano passado, minha presença online atingiu quase 200 milhões de pessoas.

Quando comecei a usar as redes sociais, alguém me perguntou: "Como você calcula o retorno sobre investimento em suas redes sociais?" Respondi: "Não faço redes sociais para clientes. Faço porque sou obcecado por dominar meu setor e transformar meu nome em sinônimo de tudo sobre vendas. Quero que todas as empresas de vendas no mundo me conheçam. E quero dominar minha concorrência e deixá-la desconcertada. Quero causar medo em meus concorrentes e subjugá-los completamente até que admitam que *o Cardone vai me esgotar e trabalhar mais que eu*."

Fiquei obcecado por mostrar ao mundo minhas ideias, minhas soluções, minhas opiniões e encontrei todas as plataformas possíveis para divulgar meu conteúdo. Se o conteúdo reina, me tornei uma fábrica de conteúdo e usei cada meio possível para me comunicar com o mundo. Fiz 78 mil postagens no Twitter em 48 meses e 9 mil vídeos em 60 meses. É demais? Não se você quiser dominar sua marca. Isso incomodou algumas pessoas? Talvez, mas meus concorrentes me deram espaço para conquistar.

Eu claramente uso as redes sociais além do normal, talvez além até do que seria civilizado, mas não é demais se for necessário. Hoje mesmo falei para o meu departamento de internet (chamo de departamento de internet, não de TI, comunicações ou qualquer coisa assim) reunir conteúdo suficiente para postar um tuíte a cada seis minutos, somando 100 tuítes diferentes todo dia. Qualquer pessoa que disser que isso é demais não entende a enormidade do espaço da internet e das redes sociais. É gigantesco. Você consegue encher o mar jogando uma pedra nele?

A razão pela qual tantas pessoas fracassam nas redes sociais, no marketing e mesmo na publicidade tradicional é que elas subestimam o esforço exigido para dominar seus nichos.

> A razão pela qual tantas pessoas fracassam no marketing é que elas subestimam o esforço exigido para dominar seus nichos. **#SejaObcecado @GrantCardone**

Vou dar o exemplo perfeito. Quando as redes sociais viraram um estilo de vida, três grupos se formaram: (1) aqueles que ficaram ressentidos; (2) espectadores (aqueles que são usados por elas); e (3) aqueles que a utilizaram para marketing e para ficarem conhecidos. Os dois primeiros grupos são enormes. Eu estava originalmente no primeiro grupo, ressentido com essas plataformas porque não as entendia. Mas logo parei com o ressentimento quando descobri como são uma ferramenta poderosa e comecei a usar cada canal ferozmente. Quer dizer, qual é! As plataformas eram gratuitas e não tinham limites de quanto você poderia postar. Não demorou muito, eu estava postando com tanta frequência que os outros ficavam se perguntando *Como o Cardone faz isso? Qual o tamanho da empresa dele? Quanto ele trabalha?*

Antes eu não entendia as redes sociais e, depois, me tornei um dos seus maiores usuários globais porque sou obcecado por associar meu nome a tudo sobre vendas e percebi que elas poderiam me ajudar. Peguei minha especialidade (ter as melhores e mais relevantes informações sobre vendas) e a transformei em uma marca dominante.

Você pode fazer mudanças positivas para dominar cada setor de sua vida a partir de hoje. Pode fazer vinte flexões agora e começar a mudar sua condição física. Pode pegar o telefone agora e fazer uma venda para melhorar suas finanças. Pode enviar um vídeo para um de seus filhos ou cônjuge enquanto está no trabalho, para que eles saibam que você quer passar um tempo agradável com eles.

Você pode mesclar, alimentar e fortalecer várias áreas de uma só vez, desde que esteja obcecado por elas. A maré cheia que virá do seu esforço pode erguer todos os barcos de sua vida, se você optar por dominar.

CAPÍTULO 7
SEJA PERIGOSO

Tentar evitar o perigo em um mundo cheio dele é impossível. Acontecem coisas ruins a pessoas boas todos os dias. Bons funcionários são demitidos. Empresas tratam bem seus funcionários e os perdem para outras que oferecem benefícios melhores. Às vezes você perde dinheiro antes de ganhá-lo. Clientes o traem com a concorrência.

> Evitar o perigo só faz sentido se você quiser ganhar centavos.
> #SejaObcecado
> @GrantCardone

Seu marido ou sua mulher deixa você. Funcionários fazem besteira. O mercado de ações não vai mimar você, e a economia pune boas e más pessoas igualmente.

Sendo cautelosas e tentando evitar o perigo, as pessoas na verdade passam a vida *em* perigo. Evitar o perigo só faz sentido se você quiser ganhar centavos. A única forma de reduzir o risco é correndo risco.

Embora possa parecer contraintuitivo, na verdade, é mais seguro estar no mar que atracado no porto. Especialmente porque aquele grande navio que você tem não foi feito para o porto, foi feito para águas profundas, para ondas altas e longas jornadas em que peixes grandes nadam e tesouros aguardam quem os encontre. O conforto é sua maior ameaça, pois, no esforço de encontrá-lo ou mantê-lo, você perde a oportunidade de obter ganhos que favoreçam seu potencial.

A única maneira de garantir sua segurança é ficando obcecado por ser a pessoa mais perigosa em sua área. Se não for perigoso, você não será uma ameaça para ninguém e será empurrado por concorrentes, clientes, fornecedores, funcionários, cônjuge e mesmo por seus filhos.

Não viva mais nenhum dia de sua vida se acovardando, sendo medroso, tímido ou acomodado. Aqui vão algumas formas de manter-se perigoso.

DEIXE SUA CIDADE NATAL

Segundo uma pesquisa do instituto Pew de 2008, 88% das pessoas moram a alguns quilômetros de onde cresceram.

As melhores movimentações da minha vida aconteceram quando abandonei os lugares conhecidos e confortáveis. O conforto é o inimigo dos obcecados. Para ser perigoso, force-se a sair de sua zona de conforto, literalmente: tente outra cidade.

A primeira vez em que me mudei de minha cidade natal, uma cidadezinha no sudoeste da Louisiana, foi para começar em um novo emprego em Chicago. Depois, me mudei para Houston. Foi uma boa jogada, mas não a certa. Eu me mudei para onde conhecia gente (meu irmão e duas irmãs moravam lá), e não para onde realmente queria viver.

Posteriormente, me mudei para La Jolla, Califórnia, onde não conhecia ninguém. Morei lá por 12 anos, antes de me ver confortável demais novamente. Todo mundo me conhecia, mas isso significava que não estava mais conhecendo novas pessoas e nem crescendo. Além disso, queria encontrar uma esposa e construir uma família, e estava claro para mim que isso não ia acontecer na área de San Diego.

Fiz minhas malas e me mudei para a grande cidade de Los Angeles. Novamente, não conhecia ninguém lá. Mas lá encontrei minha esposa — na verdade, a conheci no dia em que cheguei. Embora eu não tivesse amigos no local de início, nós criamos uma grande rede de contatos. Continuei construindo meu negócio e prosperando.

Avancemos alguns anos: eu já era bem-sucedido, mas sentia aquele incômodo por estar confortável demais novamente. Então, três anos atrás, eu e Elena fizemos as malas e deixamos nossa região confortável e conhecida e atravessamos o país para morar em Miami.

Toda essa movimentação trouxe oportunidades monstruosas de crescimento pessoal para mim. Elas me deram a confiança de que eu consigo me virar, me dar bem, fazer amigos em qualquer lugar e produzir minha própria felicidade independentemente do lugar.

Pesquisas sugerem que se mudar é uma das coisas mais estressantes que uma pessoa pode fazer. Triste que tenhamos nos tornado pessoas que consideram mudanças estressantes. As pessoas pegam empréstimos para viajar por aventura, mas acham estressante quando precisam se mudar por uma oportunidade.

> Ser o maior peixe do menor lago será a morte de suas ambições.
> #SejaObcecado
> @GrantCardone

Ser o maior peixe do menor lago será a morte de suas ambições. Essa é uma das razões pelas quais acredito que se mudar da própria cidade natal, e fazê-lo frequentemente, compensa o risco. Não há crescimento quando se permanece onde se está. Não há oportunidade no conforto. Para perseguir meus objetivos e continuar a alcançar meu potencial, tive que me afastar do que conheço e das coisas com que fico confortável em busca do desconhecido. Quando faço isso, volto a despertar minha obsessão por atingir meu propósito.

E mantenho-me perigoso porque ninguém sabe onde estarei em seguida!

SEMPRE SE CONECTE A NOVAS PESSOAS

Não importa onde more, você deve criar o hábito de conhecer gente nova.

> Se não ficar constantemente se conectando a novas pessoas, que são influentes e mais inteligentes, está arriscando se prejudicar.
> #SejaObcecado
> @GrantCardone

Não existe glória em morar em um dos maiores países do mundo e passar o tempo todo no sofá, em um clube ou mesmo sempre com as mesmas pessoas. Se não ficar constantemente se conectando — com novas pessoas, com pessoas mais influentes e inteligentes, online, pessoalmente, por telefone, em conferências, por meio de mentores e tudo o mais —, está se colocando em perigo.

Quer saber o que me apavorou?

- Falar para cinco vendedores em Rockford, em Illinois, quando eu tinha 29 anos.
- A primeira vez em que dei uma entrevista em uma rádio, para Adam Carolla.
- Minha primeira entrevista de TV para Neil Cavuto, da Fox News.
- Falar para mil dos maiores agentes da Northwestern Mutual, que ganhavam, cada, US$1 milhão anuais.
- Falar no Pentágono para generais, coronéis e tropas em transição.
- Falar para 400 pessoas sobre economia e espiritualidade em uma igreja de Nashville.

Fiquei apavorado em cada uma dessas situações. Eram desconfortáveis para mim. Ainda assim, permaneci perigoso saindo de minha zona de conforto e conhecendo novas pessoas que pudessem ajudar naquele momento ou em algum momento no futuro.

TUDO BEM SER IMPOPULAR

Você pode parecer o tio preferido de todo mundo e, mesmo assim, ser a pessoa mais perigosa da área. Pode ser legal com todo mundo, respeitoso e ter boas maneiras, mas o sucesso não é um concurso de popularidade.

Eu estava trabalhando em uma enorme transação imobiliária de US$32 milhões recentemente em Savannah, Georgia. Todas as partes tinham chegado a um acordo sobre o preço e estávamos avançando. Mas, quase no final do meu período de diligência, percebi que era mais interessante, para mim, renegociar o preço. Sabia que todo mundo ia surtar: eu não só queria renegociar, como fiz isso em dezembro, quando todos os compradores já estavam em clima de festas de fim de ano, pensando no tempo longe do escritório para passar o Natal e o Ano Novo.

> O sucesso não é um concurso de popularidade. #SejaObcecado @GrantCardone

Liguei para o agente e disse: "Vamos ter que desistir do negócio. O preço que acordamos não faz mais sentido". Todos ficaram muito tensos e perturbados. Um corretor imediatamente começou a se preocupar com sua reputação como vendedor, sem falar na comissão. Além disso, eu corria o risco de ser visto como "*retrader*" (um comprador que fecha um negócio por contrato e depois renegocia o preço quando a propriedade é retirada do mercado). Ninguém quer ser visto assim. Mas, se continuasse na transação com o preço já negociado, seria culpado por fazer maus negócios. Sabia que precisava renegociar, ainda que todo mundo fosse ficar irritado. "Seja como for", pensei, "estou em perigo. Se eu comprar pelo preço que tínhamos acordado anteriormente, estaria em perigo. Se negociasse, estaria em perigo." Prefiro ser perigoso a ficar em perigo, decidi.

Fiz uma ligação telefônica para as pessoas envolvidas que foi muito tensa. Momentos depois, o corretor me disse: "De quanto dinheiro você precisa para fechar o negócio?" Liguei para ele de novo e disse: "US$29,2 milhões." Isso se transformou em três semanas de xingamento, ameaças de processos, hostilidade e incerteza. Mas fechamos o negócio em US$29,2 milhões, me economizando US$2,8 milhões.

Minha esposa perguntou: "Como você faz isso? Todo mundo vai odiar você." E eu respondi: "Prefiro que os outros tenham menos consideração por mim a eu ter menos consideração por mim mesmo. Prefiro que um corretor, um agente e um vendedor tenham menos consideração por mim a colocar a mim mesmo, meu negócio, meu futuro e você em risco para bancar o 'cara legal'."

> Prefiro que os outros tenham menos consideração por mim a eu ter menos consideração por mim mesmo.
> #SejaObcecado
> @GrantCardone

Não estou disposto a aceitar tudo só para ficar bem com as pessoas. Não estava fazendo joguinhos com essas pessoas, nem voltando atrás. Houve muitos negócios em que paguei o preço originalmente combinado. Mas, nesse caso, tive que renegociar, e fico feliz que o tenha feito. No final das contas, a propriedade teria sido um bom negócio com o preço maior, mas foi um negócio melhor pelo preço que paguei.

Tenho a obrigação de fazer ótimos negócios, e estou disposto a me colocar em uma situação desfavorável para garantir que prioridades maiores nunca fiquem comprometidas. Fazer negócios é uma arte, e eu poderia escrever um livro inteiro sobre o tema. Mas há uma linha que não cruzo, e é simples: se não consigo entender um pedido, então não pergunto. Se não quisesse que fizessem comigo e não entendesse se estivesse no lugar do outro, então não cruzaria a linha. Mas se conseguir compreender o raciocínio se estiver do outro lado, então vou forçar, e muito, expor minha visão sobre a situação.

Eu sei o que é preciso para ganhar US$2,8 milhões e, desde que consiga entender por que estou fazendo o que estou fazendo, fico disposto a correr três semanas de risco emocional e impopularidade para evitar anos de risco econômico.

CORRA RISCOS COM SEUS INVESTIMENTOS

O empreendedor põe seu capital em risco. Essa é a própria definição dessa posição: uma pessoa que organiza e opera um negócio, ou negócios, assumindo riscos maiores que o normal para produzir dinheiro. (Eu diria que essa definição não está bem certa, porque não se pode simplesmente *produzir* dinheiro. A Casa da Moeda é quem *produz* dinheiro; você põe o que tem hoje em risco para coletá-lo dos outros, retê-lo por um tempo até reinvesti-lo, depois repetir tudo de novo.)

Investir em uma nova empreitada é muito perigoso. Você está colocando seu tempo, sua energia, seus recursos e seu nome em risco para ganhar dinheiro. Mas também se arrisca quando trabalha para outra pessoa e/ou investe na ideia de outro. Por que não colocar tudo em seu próprio negócio?

Norte-americanos de classe média sofreram lavagem cerebral para diversificar seus investimentos. Fomos ensinados a esperar resultados de longo prazo e ser cautelosos. Mas as lendas do investimento nos dizem o contrário. O empreendedor e investidor Mark Cuban afirmou: "Diversificar é para idiotas." Segundo ele, você nunca vai conseguir ficar rico esticando seu risco até que ele fique fino como um papel. Sua filosofia vai ao encontro daquela do excelente Andrew Carnegie, que disse: "O caminho para ficar rico é colocar todos os seus ovos em uma cesta e então ficar de olho nela."

> Você corre risco sempre que não está investindo na expansão do seu negócio.
> #SejaObcecado
> @GrantCardone

A razão pela qual se ensina a diversificar é que "experts" supõem que você é preguiçoso e nunca vai fazer o dever de casa necessário para investir adequadamente. E mais: se diversificar, vai precisar de ajuda profissional para fazê-lo — e vai precisar contratar aquele "expert", bem como administradores de fundo mútuo, planejadores financeiros, bancos, corretores de ação, negociadores de ação e outros capitalistas.

Mude o foco de sua energia para investimento e gasto ofensivos. Fique obcecado por investir toda sua energia, seu tempo, seu dinheiro e outros recursos no acúmulo de nova renda. Invista seu dinheiro para que sua renda seja alta o suficiente que você possa pegar de 30% a 40% dela e reinvestir na expansão dos seus negócios.

Esteja disposto a arriscar desperdiçar para crescer. E invista sabendo que nem todo seu investimento trará retorno visível. Não há um anúncio, campanha de marketing, campanha de branding ou postagem de rede social que eu tenha feito na qual me arrependa por ter investido dinheiro. Mais exposição é sempre necessária. Nunca parei para ficar me lamentando, "Ai, não tive retorno sobre aquele investimento." Retorno sobre investimento é uma mentira que você conta a si mesmo para não pensar que precisa gastar dinheiro. É uma desculpa para não gastar.

> Retorno sobre investimento é uma mentira que você conta a si mesmo para justificar não arriscar dinheiro.
> #SejaObcecado
> @GrantCardone

Você deve gastar, e continuar gastando, enquanto se foca em aumentar sua receita. Deve ganhar dinheiro suficiente, levantar dinheiro suficiente ou tomar emprestado dinheiro suficiente para se expandir. Especialmente quando estiver apenas começando seu negócio, focar-se em receita que você pode reinvestir depois é mais importante do que conseguir boas margens de lucro. Seu ganho bruto deve ser a prioridade.

Quando você inverte a mentalidade tradicional de "economizar primeiro" e começa a ficar obcecado com quanto dinheiro consegue reinvestir, algo mágico acontece. Você é forçado a ir para a rua e produzir, a pensar em novas formas de aumentar seu negócio. Começa a conquistar novos mercados para conseguir nova renda.

É preciso ter peito e coragem para ganhar dinheiro hoje. Se você não investir em si mesmo, não espere que os clientes o façam. Coloque seu dinheiro em risco e no mercado. Volte a investi-lo no mercado para ganhar ainda mais e se verá escalando novos níveis de sucesso.

DIGA SIM ÀS NOVAS TECNOLOGIAS

Quando tecnologias novas e desconhecidas surgirem, entre na onda imediatamente. Aprenda a usá-las e comece a manipulá-las, até que algo novo e melhor apareça.

Quando os serviços de transmissão de vídeos do Periscope e do Facebook foram lançados, baixei os aplicativos na hora. Comecei a fazer transmissões todo dia para pessoas que eu nem conhecia e que também não me conheciam e usei a nova tecnologia da melhor forma para meus objetivos. Em três meses, estava entre os top 5 *streamers* do mundo.

Para continuar a aumentar sua empresa, sua rede de contatos e sua dominância no mercado, você precisa adotar e ficar obcecado com cada tecnologia que possa apresentá-lo a pessoas desconhecidas, ambientes estranhos e coisas novas. Adote logo no começo e dê um salto no desconhecido.

FINJA ALGO ATÉ SÊ-LO DE VERDADE

Quando faço algo pela primeira vez, lembro a mim mesmo de correr riscos, ficar conhecido, ter uma opinião, fazer algo acontecer, inspirar pessoas a se lembrarem de mim e ser perigoso o suficiente para conseguir o melhor resultado possível dessa situação. Fico decidido a me apossar do lugar, do palco ou da entrevista. Decido o que sei, o que posso oferecer e ganhar e faço tudo por isso.

Em outras palavras, faço o papel de alguém que sabe o que está fazendo e que é enormemente bem-sucedido, mesmo que ainda não seja. Torno-me o cara que age como se soubesse o que está fazendo, fala como se soubesse o que está dizendo e sabe que pode vender qualquer coisa a qualquer pessoa. Digo à minha esposa, que é atriz, "Sabe, na verdade eu sou um ator desempenhando o papel de empresário." Eis alguns dos meus créditos:

- Uma noite, tive que passar por uma área que é considerada uma das mais perigosas de Nova Orleans para voltar para o hotel em que estava. Agi como se eu fosse a pessoa mais perigosa da rua. Ninguém me incomodou.
- Quando estava mostrando meu programa *Turnaround King* para os executivos da National Geographic, disse a eles: "Garanto que esse programa vai ser o de maior sucesso na NatGeo." Eles compraram oito segmentos.
- Na minha primeira compra de portfólio de imóveis superior a US$50 milhões, competi com outros 38 interessados e eu sequer sabia onde ia conseguir o dinheiro para investir. Mas liguei para os vendedores e para os corretores e disse "Sou seu único comprador. Garanto que não vão ficar decepcionados: vou fechar o negócio mais rápido que todos porque sou o único capaz de tomar decisão. Sei que nunca fizeram negócios comigo e não sou o interessado com a maior oferta, mas dou minha palavra de que vou fechar esse negócio." Quarenta e cinco dias depois, fechei a maior aquisição privada de imóveis na Flórida aquele ano. Isso foi há quatro anos. Paguei US$32 milhões, e a propriedade acabou de ser avaliada em US$108 milhões.

> Assumo o papel de uma pessoa bem-sucedida, mesmo que ainda não seja.
> #SejaObcecado
> @GrantCardone

FIQUE EM POSIÇÃO DE ATAQUE

As lendas do sucesso sabem quando entrar com tudo quando a oportunidade se apresenta. Eles entram em ambientes perigosos e tiram vantagem deles.

Durante o colapso econômico de 2008, Warren Buffett entrou em ação e ofereceu um empréstimo de US$5 bilhões à Goldman Sachs em uma transação impressionante que garantiu um retorno de 10% e proteção total com cotas preferenciais em ações da empresa. Ele fez isso enquanto os bancos mal estavam pagando 0,25% em dinheiro. Quem consegue um tipo de transação que paga 40x o dinheiro investido? As pessoas mais perigosas da área.

NUNCA DESCANSE SOBRE SEUS LOUROS

Warren Buffett continuou perigoso durante o colapso econômico de 2008. Infelizmente, não posso dizer o mesmo sobre mim.

Anos antes do colapso, quando minhas vitórias estavam se acumulando, comecei a me acomodar na definição de novos objetivos. Parei de "reinicializar" meu propósito e, visto que minha obsessão estava começando a enfraquecer, estava muito menos ocupado. Estava diluindo minha crença do sucesso de pressão implacável, total compromisso e exigência de ética profissional em troca de encontrar tempo para "relaxar", para sair de campo, dar uma desacelerada em fins de semana de "recompensa", partidas de golfe de cinco horas, jantares fora, "momentos agradáveis" em casa e mais introspecção.

Se eu não tivesse sido seduzido pelo conselho popular e não requisitado de tantos, se tivesse continuado alimentando minhas buscas obsessivas, teria ficado em uma posição completamente diferente quando o mercado quebrou. Poderia ter conseguido comprar concorrentes por nada, pegar a fatia de mercado pela qual costumava lutar e comprar imóveis por mixaria. Teria tido a coragem e o dinheiro para expandir meu império em 100 vezes.

Sim, deve ter havido ótimas oportunidades naquela época. Mas, como estava atuando em níveis abaixo dos obsessivos, tive que recomeçar em várias instâncias: reconstruir meu negócio e minha marca e atuar todo dia com temor financeiro, dando meus pulos para sobreviver. Tinha colocado minha recém esposa e bebê, meus funcionários, minha marca e meus sonhos em risco.

Fui forçado a me reconectar com minha obsessão, embora agora não fosse uma opção — era sobrevivência.

Acho interessante que, anos depois, percebi que quase todos os amigos e filósofos que tão generosamente compartilhavam sua preocupação com minha vida e meu bem-estar décadas antes tinham, desde então, seguido com suas vidas e saído da minha. Muitos entraram com pedido de falência, perderam o emprego ou passaram muita dificuldade para manter seus ativos e casas. Muitos se afundaram na hipoteca. Clientes que haviam me sugerido desacelerar e dar uma sossegada fecharam as portas. O psicólogo e os conselheiros que me tacharam com uma lista infinita de problemas — mas nunca os resolveram — cancelaram o contrato de aluguel de seus consultórios.

Depois, ainda descobri que um dos divulgadores dos meus seminários me roubou por anos. Apesar disso, ele ainda teve que entrar com pedido de falência; a empresa dele estava em frangalhos e todo o pessoal que trabalhava com ele de repente se viu desempregado.

Quanto a mim, sobrevivi. Reconstruí minha força de vontade, redescobri meu propósito e reabasteci minhas obsessões em uma das piores situações econômicas pelas quais os Estados Unidos já passaram.

Havia engolido o conselho ruim, começado a descansar sobre meus louros e, de algum modo, sabia como estava indo mal. Agora consigo reconhecer os sinais de que estou ficando complacente e não sendo obcecado por minhas obsessões.

Ninguém que tenha feito uma grande contribuição neste mundo descansa sobre seus louros. Conheço caras que valem 100 vezes o que eu valho. Conheço bilionários. E nem uma única pessoa mais bem-sucedida que eu jamais me sugeriu fazer menos ou trabalhar menos. As únicas pessoas que sugeriram que eu não ficasse obcecado foram as pessoas comuns comprometidas com vidas medianas. Eu não sou assim, e, após o colapso de 2008, nunca mais vou ficar na defensiva com relação à minha obsessão. Sempre vou me lembrar de ficar pronto para atacar, continuar perigoso e nunca complacente.

> Ninguém que tenha feito uma grande contribuição neste mundo descansa sobre seus louros.
> #SejaObcecado
> @GrantCardone

APRENDA A AMAR O MEDO

O medo é um indicativo do que se deveria fazer, não do que não se deveria. Eu senti medo durante a maior parte da minha carreira e, se não estiver assustado, começo a me preocupar por não estar me desafiando com novas coisas.

Quando a economia quebrou, estava tão enormemente assustado que o medo se transformou em criatividade, inspiração e poder. Todo mundo estava com medo, mas a reação da maioria das pessoas foi se encolher e se esconder apavoradas.

Você tem que transformar seu medo em poder. Fiz isso quando, no começo da recessão, minha esposa virou para mim e perguntou: "O que vai acontecer?" Respondi: "Vamos morrer. O mundo como conhecemos chegou ao fim. Mas vou nos tirar disso. Conosco, vai ser diferente; ficaremos em uma situação melhor. Mas, por enquanto, você não vai me ver muito por aqui. Prometo a você que nunca mais vou relaxar. Nunca mais vou permitir que meu comprometimento com meus sonhos e com a minha família seja enfraquecido por quem não tem a menor noção. Falhei como marido e como pai e nunca vou permitir que isso aconteça de novo."

> O medo é um indicativo do que se deveria fazer, não do que não se deveria.
> #SejaObcecado
> @GrantCardone

Quando estava contra a parede e praticamente sem projetos e a renda estava completamente congelada, meu maior medo ganhou vida. O fato de isso ter acontecido foi um dos maiores presentes da minha vida, porque o perigo imediato me tirou completamente da minha zona de conforto. Ele me forçou a fazer o que eu deveria ter feito o tempo inteiro. Deveria vender e expandir meu negócio, me apresentando para mercados e indústrias verticais, escrevendo livros e aparecendo no rádio e na TV.

O mundo achou que eu havia estado obcecado antes? Não! Agora é que estava obcecado. Estava vivo novamente. Estava pegando fogo novamente. Estava 120% envolvido em meus negócios, impulsionado pelo medo de não sobreviver. Estava de volta ao começo e não havia senso de merecimento natural. Pelo contrário, estava acordando todo dia com uma mentalidade de caçador. Aproveite todos os negócios; passe por cima de tudo; seja ético, mas nunca bonzinho; pressione, force e derrube paredes, se necessário.

Era hora de expandir meus negócios enquanto outros se contraíam. Eu me ocupei com a mesma coisa que fiz quando abri meu primeiro negócio: apresentando-me para pessoas que não me conheciam. Comprometi-me a fazer 28 milhões de empresas saberem meu nome, não apenas 20 mil. Estava fazendo negócios com talvez 2% da indústria em que estava focado. Além disso, tive que superar a ilusão de que poderia me focar em só uma indústria de cada vez.

Ir atrás de novos clientes, novas indústrias, novas pessoas foi assustador. Ninguém me conhecia. Eu não era um dos peixes grandes nessas áreas; era um ninguém. Todo dia me lembrava de como eu era pequeno e como tinha sido burro. Tinha um ótimo produto, já estava no ramo havia 22 anos e, ainda assim, ninguém me conhecia.

Conforme consegui vencer o medo, me senti vivo novamente pela primeira vez em muito tempo. É assim que sempre me saio melhor: quando estou em movimento, me expondo, conhecendo gente nova e aprendendo coisas novas. Se você fizer isso com frequência suficiente, vai transformar medo em poder e autoconfiança.

Dito isso, não espere que o medo vá embora e não tente eliminá-lo. A vida obcecada não tem a ver com alcançar um estado de paz e equilíbrio. Tem a ver com ficar constantemente avançando em direção aos seus medos e possibilidades. O medo sempre existirá, então, a questão é o que você vai fazer com ele.

> A vida obcecada tem a ver com ficar constantemente avançando em direção aos seus medos e possibilidades.
> #SejaObcecado
> @GrantCardone

O medo pode ser seu amigo. Pode ser um ativo, uma fonte de energia, de criatividade e de inspiração.

FIQUE OBCECADO PELO PERIGO E PELO DESCONFORTO

Comprometa-se com a sensação de desconforto. Fiquei obcecado pela ideia de ficar desconfortável porque sei que ela leva ao sucesso. Garanto que você não vai encontrar o caminho para seu propósito dentro de sua zona de conforto. A melhor versão de você será encontrada muito longe daí.

> A melhor versão de você será encontrada muito longe de sua zona de conforto.
> **#SejaObcecado**
> **@GrantCardone**

Dê uma boa olhada em quanto está comprometido com seu sucesso, porque você pode estar à beira do abismo, em perigo, em vez de ser perigoso. Tente este exercício para ver em que ponto se encontra:

- Você está se expandindo e se recriando? Se não, está estagnado.
- Está indo atrás de novos públicos? Se não, está ficando obsoleto.
- Está criando novos produtos? Se não, falta inspiração.
- Está criando novos fluxos de renda? Se não, está no caminho para perder dinheiro.
- É o maior peixe em um lago pequeno? Se sim, está ficando preguiçoso.
- É a pessoa mais inteligente do recinto? Se sim, está pedindo tédio.
- Está sempre preocupado com um cliente? Se sim, não tem clientes o suficiente.

Está com medo neste exato momento? Se não, então não está fazendo as coisas que valem a pena ser feitas.

Continue faminto, continue perigoso, continue obcecado. E vença.

CAPÍTULO 8
OBCECADO POR VENDAS

Vendas não são um departamento, uma carreira ou o trabalho de alguém. Elas são o deus de qualquer negócio (sem querer desrespeitar ninguém).

Elas afetam tudo: toda pessoa, toda empresa, toda indústria e economias inteiras. Empresas vão à falência por não conseguirem vender produtos em quantidade suficiente a preços altos o suficiente.

> As vendas afetam tudo: toda pessoa, toda empresa, toda indústria e economias inteiras.
> #SejaObcecado
> @GrantCardone

Vendas não são apenas importantes para sua empresa, são o seu sangue. São tudo. Se uma empresa não continua aumentando as receitas, só vai encolher. Um negócio não depende de manufatura, pesquisa, nem ideias, depende de vendas.

Quer você seja gerente, quer tenha uma empresa própria ou esteja começando, precisa entender que a parte mais importante da declaração financeira de toda empresa é a que trata de receitas. As pessoas gastam tempo escrevendo planos de negócios e se esquecem de descobrir como vender o produto ou a ideia. Sim, você precisa de uma declaração de missão e de desenvolvimento de produto, mas é melhor pensar em como vai fazer os clientes comprarem de você e como vai gerar novas receitas.

Não importa se você gere uma empresa de consultoria de casa, tem um salão de cabeleireiros ou é CEO de uma corporação multinacional: você precisa ter um produto ou serviço para vender, precisa chamar atenção para ele e vendê-lo e também precisa aumentar sua cartela de clientes. As vendas são a única coisa que uma pessoa pode fazer para controlar a receita bruta do negócio. É impossível fazer qualquer coisa acontecer sem vendas.

> Eu não entrei no ramo de vendas porque gostava. Entrei para sobreviver.
> #SejaObcecado
> @GrantCardone

Se você disser: "Não gosto de vendas" ou "Não nasci para vendas" e decidir que não vai participar delas, não está obcecado o suficiente com seus sonhos. Qualquer pessoa que disser que não gosta de vendas está, na realidade, negando o Santo Graal do negócio. Eu não entrei no ramo de vendas porque gostava. Entrei para sobreviver.

A viabilidade de uma empresa já aberta depende de novas vendas e novos clientes. Qualquer empresa dependente apenas de alguns clientes se torna dependente demais de clientes de menos. É preciso ter muitos clientes pagando preços com altas margens de lucro. É preciso ficar obcecado por conseguir novos clientes e novas receitas.

FIQUE OBCECADO COM SEU PRODUTO

Você e seus funcionários precisam ser engajados e apaixonados pelo que vendem. Para ver se continua engajado nas vendas, pergunte-se:

- O que eu faço todo dia está ocasionando uma mudança positiva?
- Eu amo meu produto?
- Amo vender meu produto?
- Possuo meu produto?
- Insisti para que minha família comprasse meu produto?
- As pessoas deveriam contrair dívida por meu produto?
- Continuo ligando para as pessoas após elas me dizerem que não estão interessadas?
- Conseguiria cobrar o dobro pelo meu produto e ainda compreender seus custos?

Se tiver respondido "sim" a todas as perguntas, passou no teste e está pronto para entrar na corrida. Se não conseguir dizer "sim" a todas elas, não está completamente convencido do seu produto. E se você e seus funcionários não acreditarem no que estão vendendo, seus esforços vão cair por terra e você vai perder vendas desnecessariamente.

Já que entrar em uma corrida com um motor defeituoso simplesmente não é uma opção viável, a decisão se resume a: ou você se compromete a amar seu produto ou serviço até realmente amá-lo — como eu fiz quando vendia carros — ou muda a oferta de produto. Só não espere que o mercado ou seus clientes lhe digam o que fazer. Você precisa tomar iniciativa, e fazê-lo sozinho.

IR ATÉ O FIM É O ÚNICO JEITO DE FECHAR UMA VENDA

Uma falha importante nas empresas de vendas é que os vendedores e gerentes ficam para lá e para cá falando com clientes, mas nunca lhes apresentam números. Fazem contato, falam com o cliente, depois retornam ao gerente para explicar por que o cliente não comprou.

Não importa que o cliente tenha dito: "Não é o momento certo para comprarmos" quando o vendedor sequer apresentou uma oferta.

Nós fizemos um programa de "comprador secreto" com mais de 500 empresas nos EUA e descobrimos que isso acontece em mais de 70% das vezes. De fato, nunca requisitar o pedido é uma das principais razões pelas quais empresas fracassam. O vendedor fica com medo da concorrência, da rejeição ou tem alguma outra neurose, então se recusa a levar o cliente em potencial até a última etapa do processo de venda, até chegar a uma proposta. Já trabalhei com dezenas de milhares de empresas e, embora isso possa deixá-lo de queixo caído, garanto que, se os vendedores estão perdendo vendas, a culpa é deles mesmos. E a razão pela qual isso acontece é a falta de treinamento e também o fato de que ninguém está os responsabilizando pelas pequenas coisinhas ao longo do processo de fechamento da compra.

Isso resulta em ciclos de vendas mais extensos que o necessário, margens de lucro minúsculas e mais de 50% das empresas de vendas não batendo a meta. Tudo porque o vendedor nunca levou a negociação até o fim e porque o gerente nunca o responsabilizou.

É um fato simples: se você perder uma etapa, vai perder a venda.

- Se não requisitar o pedido, não pode fechar a venda.
- Se não apresentar uma proposta, não pode fechar a venda.
- Se não lidar com o responsável pela tomada de decisão, não vai fechar a venda.
- Se não lidar com todos os influenciadores, não vai fechar a venda.
- Se não resolver o problema exposto, não vai fechar a venda.
- Se não fizer acompanhamento de pós-venda, não vai fechar a maioria das vendas.

Se não ficar obcecado com fechar vendas, não vai fechar. Entre em cada oportunidade de venda e interação com cliente acreditando que você pode fechá-la.

> Se não ficar obcecado com fechar o negócio, não vai fechar.
> #SejaObcecado
> @GrantCardone

PRESSIONE OS OUTROS E A SI MESMO COM RESPONSABILIZAÇÃO

Recentemente, vi uma pesquisa realizada pelo Bridge Group que sugeria que 50% dos vendedores não atingem suas metas. É porque a meta é muito alta ou eles não conseguem porque ninguém os pressionou para isso? Acredito que as pessoas definem metas muito baixas a maior parte do tempo e depois não pressionam a equipe o suficiente.

Primeiro, você nunca, jamais, deve baixar a meta — essa é a definição de fracasso. Em vez disso, pressione os outros e a si mesmo para agir mais. Eu não rebaixo meus sonhos, objetivos e nem a confiança em mim mesmo; aumento a pressão que faço sobre mim mesmo.

Exija que as metas de vendas sejam atingidas responsabilizando os outros e você mesmo por elas.

> Exija que as metas de vendas sejam atingidas responsabilizando os outros e você mesmo por elas. **#SejaObcecado @GrantCardone**

Se um dos seus vendedores não conseguir fechar uma venda, pergunte:

- "Você apresentou uma oferta?"
- "Você apresentou termos e números?"
- "Você hesitou na hora de fechar?"
- "Por que não conseguiu fechar?"

Você também pode responsabilizar o vendedor indo direto à fonte: a pessoa com quem ele não conseguiu fechar a venda. Pegue o telefone, ligue para um cliente que não comprou e pergunte:

- "Por que você não fez a compra com meu pessoal hoje?"
- "O que aconteceu?"
- "Ele pediu para você comprar?"
- "Ele apresentou o produto?"
- "Ele apresentou uma proposta para você?"

Faço isso o tempo todo. Pressiono e responsabilizo a pessoa. Isso cria uma cultura de obsessão, em que a responsabilização é normal e a superação das metas, esperada.

Você deve estar se perguntando: *"pressionar" também não é microgerenciar?* Bem, talvez, mas pense desta forma: quando você está no hospital, o médico monitora seu corpo a cada segundo. Ele fica procurando pelas mínimas alterações para que possa administrar o medicamento certo imediatamente. Você se importa de ser microgerenciado para que o médico consiga fazê-lo voltar ao trabalho?

Eu microgerencio alguém até não precisar mais. Se um gerente diz: "Não quero ser babá da minha equipe", sei que essa pessoa vai inventar todo tipo de desculpas para explicar por que a equipe não atingiu a meta. Quando você menos esperar, seu negócio vai ter que ser colocado em uma maca na sala de emergência com o pulso fraco.

> Recompense os que atingem e penalize aqueles que não.
> #SejaObcecado
> @GrantCardone

Se você não responsabilizar as pessoas, garanto que alguém que não se preocupa com seus interesses vai corroer seus esforços. Verifique se sua equipe está trabalhando para alcançar as metas e não largue do pé dela. Recompense os que atingem e penalize os que não. Exija níveis de produção ainda maiores de gerentes e executivos — você incluído. Se está no topo de sua empresa e não pode ser seu próprio chefe, se precisa de alguém para responsabilizá-lo, então entre em um grupo de mentores ou consiga um coach particular para dar satisfações.

Não afrouxe seus esforços de vendas nem por um minuto. Eu consideraria uma traição comigo mesmo, com minha empresa e minha família se permitisse que pessoas trabalhando para mim e que me representam não fizessem vendas, não dessem assistência nelas ou não atraíssem novos clientes para a empresa. Para garantir que isso não aconteça, mantemos estatísticas das contribuições e da produção de cada pessoa na empresa. Se alguém não conseguir lidar com a pressão ou se recusar a contribuir, é convidado a ir embora. Você deveria considerar também.

QUANTIFIQUE SEU SUCESSO

Os números não mentem; as pessoas, sim.

Outro dia, perguntei a um dos caras que trabalham para mim: "Para quantas pessoas você ligou hoje?" Ele disse: "Três ou quatro." Respondi: "Quantas foram? Três ou quatro? Porque há uma grande diferença." Descobri que, na verdade, foram duas.

Mostre-me os números. Quanto mais importante o número, com mais frequência quero vê-lo. Recebo relatórios de vendas de hora em hora. O gerente de vendas obcecado deve rastrear e ver todas as atividades: tentativas de vendas, contatos de vendas, apresentações, ligações, contatos realizados, propostas, compromissos, decisões e fechamentos. Pego as estatísticas de tudo que é importante para mim no ciclo de vendas, desde propostas e precificação até termos do contrato e dados inseridos no programa de gestão de relação com cliente.

O sucesso exige sua atenção constante. Ignore-o e não vai alcançá-lo. Se você financiou um filme sucesso de bilheteria que custou US$200 milhões, no dia da estreia, deve pedir um relatório de hora em hora. Deve ficar faminto por relatórios sobre a venda de ingressos. E não ligar para roteiro e atores, prêmios, nem críticas, porque, no final das contas, um filme é classificado pela bilheteria. Se sua empresa algum dia disponibilizar ações em Wall Street, você vai conferir o preço delas a cada minuto.

> Os números não mentem; as pessoas, sim.
> **#SejaObcecado**
> **@GrantCardone**

Seu sustento depende de sua obsessão pelos resultados para que possa prever receita, despesas e fluxo de caixa. E as melhores formas de medir seu sucesso são pelo dinheiro que entra e os novos clientes que ganha. Suas esperanças, aspirações e segurança estão atrelados à sua capacidade de fazer vendas, então, mantenha-se informado.

Fique obcecado com receber relatórios ao longo do dia. Quanto mais importante o número, com mais frequência deve receber relatórios sobre ele. Todo mundo vai perceber que você leva seu crescimento a sério. Fique obcecado com "Mostre-me, não diga". Não confio no que as pessoas dizem, acredito no que podem me mostrar.

> Fique obcecado com "Mostre-me, não diga".
> **#SejaObcecado**
> **@GrantCardone**

FAÇA UMA REUNIÃO DE VENDAS TODO DIA

Não me importa que seja virtual, online, em teleconferência ou pessoalmente, uma reunião deve ser feita todos os dias. Se você espera que seu pessoal seja tão obcecado quanto você com vendas e novas receitas, reúna-se com eles todo dia e os incentive. Se trabalha por conta própria, deve ter uma reunião de vendas todo dia, mesmo que seja o único participante.

Anote seus objetivos. Acompanhe seus números. Use um programa de gestão de clientes e acompanhe seus contatos, ligações, tudo. Analise seus dados e use a matemática para impulsionar ações futuras, como se tivesse um monte de gente atrás de você.

52% dos gerentes de venda alegam não ter tempo para treinamento em vendas. Então, mesmo que seja uma reunião curta, faça-a antes de cada turno. Quanto tempo você passa na reunião não é tão importante quanto realizá-la.

Seu objetivo nessa reunião é deixar sua equipe focada, motivada e começando bem o dia. Antes de eles começarem a fazer ligações, dê uma repassada em suas apresentações básicas de vendas. Dê uma repassada no tom. Trabalhe nele. Faça a equipe *praticá-lo*, não apenas dizer como é. "Bob, meu nome é Mike. Grant Cardone queria que eu ligasse pessoalmente para você a fim de mostrar algo que ele criou e vai aumentar suas vendas em 20% em menos de 30 dias." Faça todos repetirem. Depois, aborde três ou quatro das objeções que eles poderiam ouvir aquele dia (para que não as ouçam pela primeira vez de um cliente) e fale sobre como abordá-las.

Repasse a mesma coisa todos os dias até que os membros de sua equipe a aperfeiçoem, antes de passar para outra coisa. Meu objetivo todas as manhãs é colocar minha equipe de vendas para fazer uma coisa incrível, não cem coisas meia-boca. Prefiro focar em apenas uma coisa excelente porque isso desenvolve a sensação de segurança. Por exemplo, um dos temas de minha reunião de vendas pode ser "Aumentamos as vendas em 20% dentro de 30 dias". Essa é nossa grande alegação. Agora, minha função nessa reunião não é simplesmente oferecer essa alegação à minha equipe, mas mostrar que estamos conseguindo realizá-la. Minha função como proprietário é garantir que essas alegações que meus vendedores fazem se confirmem para meu cliente e, em seguida, compartilho o fato com a equipe para aumentar sua autoconfiança e impulsionar seu propósito e suas obsessões. Todo dia nós compartilhamos histórias de sucesso.

> Meu objetivo todas as manhãs é colocar minha equipe de vendas para fazer uma coisa incrível, não cem coisas meia-boca. #SejaObcecado @GrantCardone

Outras empresas conduzem reuniões de vendas de formas diferentes, com vídeo, áudio, palestrantes convidados, música, relatórios. Mas, independentemente de como o façam, as melhores organizações de vendas têm uma reunião todo dia. Eu, pessoalmente, lidero pelo exemplo, então, quando estou no escritório, conduzo as reuniões. Se você deixar a equipe de vendas à própria sorte, ela vai se corromper pelas próprias dúvidas e inseguranças. Incite sua equipe e faça com que ela pense da mesma forma que você todas as manhãs.

VENDA PELO EXEMPLO

Sempre entro no setor de vendas e peço para ver a lista de pessoas que não querem comprar nossos produtos. Inevitavelmente, os vendedores a têm. Então, pego o telefone e começo a ligar para essas pessoas.

Não importa o que aconteça em cada ligação, estou mostrando aos meus vendedores como ser persistentes. É crucial que você ensine seu pessoal a seguir em frente em um mundo que basicamente banalizou a desistência. Você precisa mostrar à sua equipe que pode tomar para si uma tarefa impossível e encarar as coisas de que pessoas normais desistem.

> Encontre, todos os dias, um tempinho para fazer uma ligação adicional em sua empresa.
> #SejaObcecado
> @GrantCardone

A questão é: não dá para ensinar isso com uma aula. Todos já tivemos aulas o suficiente. Você deve demonstrar. Enquanto sua equipe observa, ligue para todos que recusaram comprar algo de você ou dela e diga: "Estou ligando para descobrir por que você não comprou nosso produto" ou "Fui encarregado de retornar a ligação até você mudar de ideia. Nós nos recusamos a desistir de fechar negócio com você."

Quando estiver disposto a demonstrar como usar a pressão adequadamente para fechar um negócio, demonstrará à equipe de vendas o que é necessário para continuar o fazendo. Encontre, todos os dias, um tempinho para fazer uma ligação adicional em sua empresa. Mostre à equipe, pelas ações, que você é obcecado por vendas.

CAPÍTULO 9
PROMETA MUITO E ENTREGUE DEMAIS

Tenho certeza de que você já ouviu 1 milhão de vezes que deve prometer pouco e fazer muito.

Embora, teoricamente, pareça ótimo dizer a um cliente: "Não quero prometer demais e depois fazer de menos; quero fazer mais do que foi prometido", na prática, isso nunca me inspira. Sim, entendo o conceito, mas não acredito que seja interessante prometer de menos, falar sobre um produto de menos ou qualquer coisa de menos. Não sou moderado nem conservador com vendas, lançamentos ou marca.

> Não sou moderado nem conservador com vendas, lançamentos ou marca.
> #SejaObcecado
> @GrantCardone

Não inicie um relacionamento com cliente apelando para a mentira. Prometer de menos é uma forma de trapaça. Você nunca vai conseguir fechar negócio assim, e isso prejudica a qualidade de sua oferta e do serviço. Se você tem um ótimo produto e uma ótima oferta e sua empresa cuida de quem os utiliza, tem a obrigação de:

- Dizer às pessoas como sua oferta é ótima;
- Verificar se elas entenderam;
- Cuidar de seus clientes para que sua experiência supere a expectativa;
- Fazer tudo de novo para que eles o recomendem para outros.

Quando abri meu primeiro negócio, estava trabalhando muito, mas não tinha entendido como chamar a atenção das pessoas. Faltava algo. Finalmente descobri que o problema não era o preço, a oferta, o produto nem o serviço. O problema é que eu não estava apresentando grandes argumentos. Quando percebi isso, tudo se tornou possível.

Costumava dizer a clientes em potencial: "Posso ajudar seu pessoal a fazer mais vendas." E meus resultados eram horríveis, embora minha alegação fosse verdade.

Até que um dia, por ímpeto, disse a um cliente em potencial: "Garanto que consigo uma venda adicional para cada dois vendedores até o meio-dia se eu ficar 30 minutos com seu pessoal." Ele disse: "Manda ver." Embora não tenhamos chegado ao patamar que dei, a empresa teve, sim, o melhor resultado em meses.

Percebi ali naquele momento que, se eu não acreditasse em mim, quem acreditaria? Eu tinha que fazer grandes alegações para vencer.

No próximo lugar aonde fui, me apresentei ao gestor e disse: "Quantos vendedores você tem?" Ele disse que tinha 12, então, falei: "Deixe-me falar com eles na sala por 30 minutos. São 9h. Garanto que você vai fechar seis negócios até o meio-dia hoje." Para ele, era um ótimo negócio, já que, provavelmente, sequer tinha fechado seis negócios nos últimos três dias, e eu havia prometido fazê-lo em três horas. Ele me deu os 30 minutos e eu vendi meu produto para toda a empresa. Eles fecharam cinco negócios até o meio-dia e mais dois até as 14h.

De repente, eu estava recebendo a atenção das pessoas. Estava prometendo demais, fazendo alegações gigantescas. Não estava mentindo; eu acreditava que podia fazer o que prometia. Quando dizia a alguém que conseguiria fazê-lo em um curto período de tempo, isso me forçava a atuar de acordo.

Como sou uma pessoa ética, quando prometo demais, me sinto obrigado a atender às expectativas e cumprir o prometido. Apenas criminosos não cumprem o que prometem. Na parte mais valiosa da equação, minha oferta ficou melhor e minha concretização dela também. O resto deste capítulo vai detalhar como isso funciona e como aproveitá-lo ao máximo.

> Quando prometo demais, me sinto obrigado a cumprir.
> #SejaObcecado
> @GrantCardone

FAÇA ALEGAÇÕES GIGANTESCAS

Eis o que funciona no mundo dos gigantes: alegações gigantescas. Aqui vão algumas:

- Na estrada, você vê um outdoor com uma lata de Coca-Cola de 12 metros e um canudo de 15 metros, enormes cubos de gelo e bolhas de gás tão grande que você não consegue evitar ficar com sede. A alegação? "Felicidade em cada lata." Uau!

- E as propagandas de hambúrgueres? Pães perfeitos com gergelim, dois hambúrgueres de contrafilé grelhados à perfeição, tomates, cebolas, picles e alface viçosos. Depois acrescentam bacon, que faria um vegetariano querer carne.
- Ou que tal cobrir toda a fachada de um prédio comercial de 20 andares com o anúncio do lançamento de um blockbuster no verão?

Agora, compare isso à forma como você lança seus produtos e fala com seus clientes. Fazer alegações gigantes que podem ser substanciadas não é antiético. Ter um ótimo produto e não vendê-lo adequadamente é antiético. Nunca conseguir sequer manter a atenção de alguém é uma traição, especialmente se você tiver uma oferta excelente.

Tenho uma empresa excelente, produtos superiores, um retorno sobre investimento inacreditável e um pessoal excepcional, então, nós prometemos demais e cumprimos demais. Se ainda estiver começando ou estiver em fase de reestruturação, você precisa criar uma imagem mais enfeitada de si, de sua empresa, seu pessoal, seu ambiente, sua oferta e de sua proposta de valor.

Talvez o mundo ainda não o conheça. Talvez sua ideia seja nova. Analise sua oferta sem pressa. Faça uma lista de cada benefício que seus clientes terão. Pegue cada produto e faça uma lista completa dos milagres que ele vai operar.

Se você não for o melhor, precisa se tornar. Se seu nome for mencionado para concorrentes, é bom que, ao ouvi-lo, eles fiquem pálidos. Aqui vão algumas alegações que posso fazer genuinamente, e que você também precisa ser capaz de fazer:

- Não tenho concorrentes, tenho imitadores que não têm envergadura, peito, recursos, energia nem liderança para fazer acontecer como eu faço. Fazer negócio com qualquer outro é um erro de proporções enormes.
- Ofereço o custo mais baixo e o maior retorno sobre o investimento de todas as empresas em minha área. Você pode procurar, avaliar e comparar e vai descobrir o mesmo.
- O valor do que ofereço é tão alto que, quando um cliente diz que eu cobro o dobro do concorrente, sei que ainda cobro oito vezes mais

barato. Mostro por que, embora eu cobre o dobro, ofereço um negócio oito vezes melhor. Quando um concorrente pergunta a um cliente por que fechou negócio comigo e não com ele, ouve: "O preço dele era melhor."

Fique obcecado por ser o melhor. Então, quando prometer demais, não é fanfarronice, é a verdade. Quando sua empresa é genuína, você sempre vai atender às expectativas. Não é prometer demais se você pode cumprir. Ninguém quer nada mediano. Ninguém valoriza nada mediano. Ninguém vai parar por algo mediano nem investir tempo ou dinheiro nisso.

GRANDES COMPROMISSOS LEVAM A GRANDES CONCRETIZAÇÕES

Se você nunca tiver feito um compromisso enorme, nem você nem seu pessoal vai conseguir concretizar algo enorme. Se não pressionar por um desempenho de alto nível, nunca vai saber o quanto você e sua empresa podem ser excelentes. Quanto mais prometo para o mercado mais atenção recebo e, por conta de todo o meu alarde de como minha oferta é incrível, sou forçado a cumpri-la. Prometer demais me permite estabelecer e depois superar níveis excepcionais de entrega.

> Se você não pressionar por desempenho de alto nível, nunca vai saber como sua empresa pode ser excelente.
> #SejaObcecado
> @GrantCardone

Se sua criatividade estiver em baixa, é porque você não está comprometido o suficiente. Quando não encontro maneiras criativas de expandir, analiso meu nível de comprometimento e daqueles ao meu redor. Depois, estabeleço um ponto para subir de nível.

Demonstrei isso com minha equipe de vendas recentemente. Entrei em seus escritórios e anunciei: "Me passem todos com quem estão trabalhando agora mesmo e garanto que vou fechar o negócio em menos de 20 minutos." Todo mundo ficou empolgado e começaram a me atirar números de telefone.

Na primeira ligação, um assistente me passou direto para o responsável. Caiu na secretária eletrônica. Um progresso, mas não fechei.

Na segunda ligação, consegui falar com o cliente. Perguntei por que não fechou nada com a gente. Ele respondeu: "Não estávamos planejando fazer nada até o próximo trimestre." Fiz uma grande alegação, dizendo: "É uma pena, porque estou 100% confiante de que poderíamos mudar o seu ano inteiro no primeiro trimestre. E, se você vai fazer isso mais cedo ou mais tarde, por que não começar mais cedo?" Ele disse: "Me mande o contrato. Eu te ligo mais tarde."

Minha equipe ficou chocada. Desliguei o telefone e, 30 minutos depois, recebi o contrato. Fiz a ligação, a grande alegação e fechamos o negócio.

Duas coisas devem ser levadas em conta aqui: (1) Conseguimos fechar negócio com o cliente e (2) minha equipe se beneficiou de me ver em ação. Eu disse que ia fazer acontecer e, claro, algo bom aconteceu. Para colocar o futuro no ambiente em que estou, entro em ação.

Quando estiver completamente comprometido e parar de se proteger, soluções criativas vão aparecer, eu juro.

Quando você se comprometer completamente e não tiver outra opção senão fazer acontecer, vai descobrir como fazê-lo, não importa o quanto pareça impossível. Sua criatividade será proporcional ao seu compromisso. E seu sucesso será proporcional à escala de divulgação desse compromisso.

> Quando você se comprometer completamente e não tiver outra opção senão fazer acontecer, vai descobrir como fazê-lo, não importa o quanto pareça impossível.
> #SejaObcecado
> @GrantCardone

Coloque você mesmo e seu produto no mundo, sem pensar pequeno, e cresça muito.

COMPROMETA-SE PRIMEIRO E DÊ UM JEITO DEPOIS

Os obcecados estão dispostos a serem ousados. Estão dispostos a gerar e administrar o caos para crescer. São gênios apenas porque são corajosos. Pergunte sobre a coragem deles e vão responder: "Encontro minha genialidade quando estou completamente comprometido."

Comprometa-se primeiro e depois dê um jeito. No começo, você precisa que tudo esteja em ordem e já arranjado, se não, vai levar um baque. Os medos rolam soltos:

- "Como vou conseguir com tudo que já tenho que fazer agora?"
- "É um bom negócio?"

- "E se eu cometer um erro?"
- "Como vou conseguir financiar?"
- "E se eu não conseguir financiamento?"
- "E os feriados?"
- "E se eu não conseguir cumprir o que prometi?"

E se um cometa gigantesco atingir a terra nas próximas 12 horas? Esse negócio vai ser o menor dos seus problemas. Caramba, o mundo pode explodir antes do fim do dia. Não se preocupe com ninharias. Não se deixe ficar preso em detalhes. E não tenha medo de se aventurar em novo território com seu dinheiro.

Tudo que você já realizou começou com uma "primeira vez". Quando me casei, quando tive uma filha, quando lidei com uma auditoria fiscal, abri o primeiro negócio, tive minha segunda filha e fui processado, dei um jeito em tudo conforme acontecia. Se você não der um jeito ao longo do caminho, é provável que não tenha se comprometido plenamente.

Uns anos atrás, minha empresa investiu em toda tecnologia de que precisava para fazer um webcast em meu estúdio. Definimos um dia para ir ao ar e começamos a falar dos programas. 72 horas depois, entramos ao vivo. Nunca havíamos feito um webinar antes.

> Tudo que você já realizou começou com uma "primeira vez".
> #SejaObcecado
> @GrantCardone

Quase 10 mil pessoas se conectaram no mundo inteiro e nossos servidores ficaram sobrecarregados e caíram. Minha equipe achou que eu ia ficar furioso. Mas não: fiquei extasiado. *Meu site teve tanto acesso que caiu! Isso é demais!* Eu estava correndo pelo escritório como um garotinho, repetindo "Eu quebrei a internet!"

Nós reiniciamos o site e entregamos quase cinco horas de conteúdo naquela noite para nosso público, sem pausa. Ganhamos quase US$1 milhão também.

Um mês depois, fizemos outro webcast, mas, desta vez, nos preparamos para todas as coisas que deram errado da outra. Mais de 10 mil pessoas assistiram e nossos servidores aguentaram. Mesmo assim, ainda tivemos novos problemas e cometemos novos erros. Ao final daquele evento de cinco horas, novamente tomamos nota do que precisava mudar.

Embora com imperfeições, nos dois casos, nós, na realidade, prometemos demais e demos um jeito. Prometemos um evento de duas horas e entregamos um de cinco; prometemos um e-book de 30 páginas e entregamos 80. Mas você só consegue isso quando está plenamente comprometido.

Vendo um produto antes de estar finalizado para levantar dinheiro. Não quero ficar esperando entrar receita só quando minha equipe estiver pronta e o produto estiver pronto. Isso não é tão maluco: todos os dias softwares são vendidos antes de estarem prontos e os problemas são corrigidos com atualizações. Um dos produtos mais bem-sucedidos já vendidos, o iPhone, sempre sai antes que a última versão seja aperfeiçoada. Você precisa pensar e atuar com base em um objetivo de vender seu produto e gerar renda, não esperar até que cada peça dele esteja perfeita.

Aqueles que se comprometem com um investimento são loucos o suficiente para ver um futuro onde os outros ainda não o enxergam. Muhammad Ali viveu essa filosofia. Ele disse: "Eu sou o maior. E disse isso antes mesmo de saber que era." Quer você consiga vencer a luta, quer não, não vai ser ruim se esgotar os ingressos e fizer de tudo para deixar seu oponente apavorado antes de entrar no ringue.

> Aqueles que se comprometem com um investimento são loucos o suficiente para ver um futuro onde os outros ainda não o enxergam.
> #SejaObcecado
> @GrantCardone

ESBANJE CONFIANÇA

Meu negócio estourou quando comecei a fazer grandes alegações que me forçavam a parecer grande, mas não de forma conservadora. Fazendo isso de forma recorrente, continuamente chegando a novos patamares na marra, ganhei autoconfiança total. Aqui vão algumas das declarações que uso atualmente para expressar essa autoconfiança para clientes em potencial:

- Posso cuidar disso.
- Consigo consertar.
- Consigo fazer.
- Eu garanto.
- Nós temos a solução.
- Vou dar um jeito.
- Deixa comigo.

Robert Kraft comprou o time New England Patriots por US$172 milhões em 1995 com os lucros de seu conglomerado de fabricação de papel. Ele faz o time começar cada campeonato com um compromisso total de dominá-lo e vencer o Super Bowl. Ninguém no time tem vergonha de declarar seu objetivo nem de prometer uma experiência incrível para o espectador que vai aos jogos. Não importa se você gosta ou não dos Patriots, veja a posição deles, a postura e como são comprometidos. A equipe está entregando um ótimo serviço aos clientes? Com certeza! Eles deveriam começar o campeonato prometendo pouco? Claro que não!

Se prometessem pouco, na esperança de superar as expectativas, nunca venderiam ingressos a US$500 nem acesso aos camarotes por US$500 mil. O que a equipe de relações públicas diria ao público? "Não temos muitas expectativas para o ano que vem"? "Esperamos ser competitivos e fazer uma boa temporada para nossos fãs se ninguém se machucar"? Não. O que dizem é: "Investimos nos melhores talentos que o dinheiro pode comprar para dar ao New England outro Super Bowl".

Hoje, o New England Patriots vale US$3,2 bilhões. E Kraft é conhecido por ter entrado de cabeça nisso, se comprometendo a fazer o que fosse preciso para vencer. Para ele, compensa financeiramente, e você deve entrar de cabeça com a mesma confiança. Baixar a bola (trocadilho intencional) vai lhe custar dinheiro, fama e futuro.

SEMPRE REVISE SEU MÉTODO DE VENDAS

Seu método de vendas sempre pode ser aprimorado, encurtado, deixado mais contundente para chamar mais atenção e ser mais eficaz.

Não subestime o que estou dizendo aqui. Como executivo de sua própria vida, você precisa descobrir quem você é, qual é sua proposta de valor e como se vende. Se não tiver clareza sobre quem você é e qual sua proposta de valor, então, ninguém vai ter. Outra mentira divulgada pelos medianos é que é feio encher a própria bola. Para que ter uma bola se você não vai enchê-la?

> Se não tiver clareza sobre quem você é e qual sua proposta de valor, então, ninguém vai ter.
> #SejaObcecado
> @GrantCardone

A maioria das pessoas não se permitiu encher a própria bola e, portanto, nunca aprendeu a vender o próprio peixe. A realidade é que, se você não consegue vender o que faz, quem é e o que tem a oferecer, ninguém vai ficar obcecado pelo que você faz, muito menos pelo que tem a oferecer. Se tiver um produto estabelecido, dedique um tempo a ouvir, ou mesmo gravar, o que seu pessoal está dizendo a clientes em potencial sobre ele, a oferta e a empresa. Eu garanto que não estão explicando bem o produto, que estão vendendo pouco, prometendo pouco e fazendo pouca propaganda. E também não estão sendo honestos consigo mesmos, com sua empresa nem com o cliente. Caramba, você provavelmente não está vendendo seu peixe bem. O único que se beneficia disso é sua concorrência.

Explique seu produto de forma que o valor dele seja gritante, não fale dele com moderação. Estou tentando fazer você ser mais ousado e romper com suas tendências conservadoras. Pense no que diria se ganhasse 30 segundos de comercial no Super Bowl. Teria que fazer uma propaganda à altura.

Comece fazendo uma lista do que torna sua oferta excelente. Diga ao mundo por que é incrível, o máximo, o melhor. Você acabou de criar as desculpas de que precisa para atuar em patamares muito mais altos. Tudo que fez foi criar uma propaganda garantindo que você vai cumprir.

TIRE PROVEITO DA MÁ QUALIDADE DA CONCORRÊNCIA

Atendimento ao cliente é o que você oferece antes, durante e após a compra. Para que um cliente perceba essas interações como boas, você e seus funcionários devem se ajustar às necessidades dele.

A maioria das pessoas e das empresas, no entanto, não consegue fazer isso. O ramo de atendimento ao cliente apavora os empresários com estatísticas que promovem uma cultura de prometer pouco. Aqui estão algumas delas:

- Uma pesquisa da American Express realizada em 2011 sugere que "78% dos consumidores voltou atrás em uma transação ou deixou de fazer uma compra pretendida por causa da baixa qualidade do atendimento". Eu garanto que esse número não melhorou.
- Segundo uma pesquisa de 2014 da Ebiquity, quase três de cada quatro consumidores dizem que gastaram mais em uma empresa por conta de um histórico de boas experiências com o atendimento.
- De acordo com a Ruby Newell-Legner, são necessárias 12 experiências positivas para compensar uma experiência negativa não resolvida.
- A Agência de Assuntos do Consumidor da Casa Branca (órgão norte-americano equivalente ao Procon) diz que uma denúncia de mau atendimento tem o dobro de alcance dos elogios por bom serviço.

Você pode fazer essa realidade trabalhar a seu favor. Veja o que outras empresas em seu ramo fazem e dê uma olhada no que não fazer, então explore essas informações.

Ao longo dos anos, cada empresa acumula sua lista de políticas sobre coisas que elas vão e não vão fazer em certas circunstâncias. A empresa cria políticas para evitar que coisas que aconteceram antes voltem a ocorrer. Por exemplo, um executivo fica de saco cheio e declara: "Já chega! Temos uma nova política: os vendedores não podem mais fechar um contrato com o cliente sem analisar o acordo juridicamente antes."

Você pode tirar partido de políticas como essa sendo compreensível, tratável e flexível. Como alguém que faz concorrência com aquele executivo que tem uma atitude de penalizar todos por conta de uma situação, eu vou agilizar transações liberando meus vendedores do contrato, sem prolongar o processo com a necessidade de revisão jurídica, como é o caso do concorrente.

Uma vez, liguei para uma empresa imobiliária no sudeste dos EUA para tratar de uma unidade disponível. Perguntei a uma agente veterana: "Quanto está custando uma transação dessa dimensão agora?"

Ela respondeu, "Desculpe, mas nossa empresa tem uma política: não temos autorização para falar de taxas de juros nem hipoteca." Ela realizava transações multimilionárias havia 30 anos e não podia falar de juros? Eu não tinha pedido um empréstimo. Não tinha pedido que me prometesse uma determinada taxa. Minha pergunta era para que meu interesse na aquisição e o que estava sendo pedido se aproximassem. Levantei a bola para ela cortar. E ela simplesmente disse: "Não me passe a bola. Daqui por diante, não posso ajudá-lo, não vou ajudá-lo, não tenho permissão para ajudá-lo. Agora é por sua conta." Achei ridículo. Mas esse tipo de mentalidade é comum no mercado, e cabe a você explorar políticas que deixem sua concorrência de mãos atadas assim.

Dê uma olhada. Vai ficar chocado com quantas empresas que, ainda hoje, com clientes que têm acesso a uma quantidade ilimitada de informações, se recusam a discutir elementos cruciais necessários para levar ao fechamento de um negócio. Encanadores e outros prestadores de serviços se recusam a dar um orçamento por telefone porque morrem de medo que um concorrente cubra o preço ou que não consigam realizar o serviço pelo preço informado. Na página deles, podem garantir: "Temos o melhor preço. Ligue para nós!". Mas, quando você liga, se recusam a dar o preço ou levam dois dias para fazê-lo. Tire proveito disso!

Não surpreende que as vendas na internet estejam explorando as limitações de lojas de fundo de quintal. As pessoas não precisam passar pela experiência de querer um serviço que não pode ser prestado por causa de uma política idiota que foi criada muito tempo atrás.

Toda semana, apresento um programa em meu estúdio na Grant Cardone TV em que ligo para empresas e procuro pontos fracos neuróticos. Digo: "Me fale de sua oferta." As coisas com que me deparo são de virar o estômago. Veja algumas delas:

- Liguei para uma grande varejista. Ninguém atendeu o telefone depois de ele tocar 12 vezes.
- Uma empresa de crossfit se recusava a falar com clientes no almoço porque aquela era "a hora sagrada do treino".
- Uma firma de advocacia não iniciava nenhum trabalho antes de receber um sinal porque levou um calote de um cliente uma vez.
- Um corretor de imóveis se recusou a mostrar uma propriedade ou falar qualquer coisa sobre ela antes de eu assinar um contrato de confidencialidade porque tinha ouvido uma história de que um comprador havia driblado o corretor e ido tratar direto com o proprietário para economizar 3%.
- Uma loja de relógios de luxo não quis me dar um preço por telefone. A desculpa? "Não queremos que você inclua nosso valor em uma pesquisa de preços."

As pessoas ficam tão ocupadas tentando resolver alguns problemas do passado que perdem a oportunidade no presente. Já vi isso acontecer em minha própria empresa. Meu vice-presidente de vendas escreveu uma carta para meu departamento de internet dizendo que, sempre que um cliente com cargo de vice-presidente ou superior tentava comprar o nosso curso universitário em nossa loja virtual, sua compra não deveria ser processada e a pessoa deveria ser direcionada para o setor de vendas. Era sério? Apenas imagine que você é o vice-presidente de uma empresa e quer adquirir um programa disponível online sem falar com um vendedor, mas não pode. Eu descasquei meu funcionário e disse: "Nunca, jamais, impeça um pedido". Meu vice-presidente estava tentando fazer a coisa certa, sabendo que esses clientes provavelmente estavam comprando o produto errado — um programa individual, quando precisavam de uma conta corporativa. Mas nunca é correto causar inconveniência para o cliente.

Se isso pode acontecer em minha empresa, pode apostar que outras não ficam para trás, com políticas, regras e mentalidades ruins ou ultrapassadas. Procure-as e vai encontrar oportunidades. Fique obcecado por explorar cada ponto fraco de sua concorrência. Use cada vantagem possível para se destacar da massa dos medianos, em que empresas são indistinguíveis. Faça o que for preciso, dentro de padrões legais, do que é ético e moralmente sensato, para prestar um serviço explorando as fraquezas dos outros.

> Fique obcecado por explorar cada ponto fraco de sua concorrência.
> #SejaObcecado
> @GrantCardone

Seja lá o que for que eles não queiram fazer, posso me propor a fazer para os meus clientes. Se demorarem muito, eu faço agora. Você não deve ficar fazendo o que todos estão fazendo; faça o que outros não querem fazer e ofereça o que não oferecem. Quebre as regras para criar um jogo novo.

FAÇA DE SEUS CLIENTES VENCEDORES

Antes de apresentar seu produto a um cliente em potencial, lembre-se de como sua oferta vale mais que seu preço. É isso que o torna o melhor negócio.

Sempre garanta que o que seu cliente adquire tenha mais valor que o dinheiro investido. Se uma empresa investe US$1,7 milhão em um programa de treinamento em vendas personalizado e fatura US$15 milhões em vendas no primeiro ano, quem saiu na vantagem? O cliente.

As pessoas não compram preço: compram o produto, a solução, o pessoal e a empresa. O preço é apenas uma peça do quebra-cabeça usado para avaliar um produto ou serviço, e isso vale para tudo mais que você oferecer. No final, seu valor é melhor porque torna melhores sua precificação, sua garantia, seu financiamento, seus termos, seu produto e seu serviço.

E, então, há o agregador de valor definitivo: você. Nenhum outro negócio tem você como bônus.

Quando eu vendia carros, não importa se estava vendendo Toyotas, Pontiacs, Renaults, GMs ou carros usados, raramente a negociação em si era o carro, era eu. Um cliente, Warren, uma vez me disse: "Consigo fazer a mesma compra lá na frente por menos." Respondi: "A compra lá na frente não me tem como bônus, Warren. Assine aqui." Ele comprou o caminhão e, depois, outros 11 veículos comigo. Garanto que ele me pagou mais do que outro vendedor teria cobrado e garanto também que ele, ainda assim, fez um negócio melhor ao comprar comigo. Porque eu não apenas vendia carros para Warren, atendia a ele e sua família constantemente. Virei amigo dele e da família. Dava tratamento VIP a ele e sua família, sempre parava o que estava fazendo para lhes dar atenção.

> O agregador de valor definitivo é você.
> #SejaObcecado
> @GrantCardone

Diga ao mundo que você é o melhor. Claro que isso vai fazer as pessoas acharem que você é "muito isso" e "muito aquilo". Mas, da mesma forma que não aceita conselhos de pessoas que desistiram de si, aquela pessoa que diz que você não deve se gabar é porque não tem nada do que se gabar. Diga a verdade sobre como você é incrível. E, então, faça as coisas acontecerem com base nessa verdade.

CAPÍTULO 10
MONTE UMA EQUIPE OBCECADA

Quando conheci um empresário cuja principal missão na vida era mover mundos e fundos atrás dos maiores talentos, isso mudou minha perspectiva sobre o que era gerir um negócio.

Quando o empresário extremamente bem-sucedido Larry Van Tuyl, que acabou de vender uma de suas companhias para Warren Buffett por US$4 bilhões, conhece alguém, ele aperta a mão, o puxa em sua direção até que fique a centímetros de seu rosto e diz: "Quero que venha trabalhar para mim!" Esse cara é intenso quando se trata de recrutamento. Todo mundo é um candidato em potencial: clientes, fornecedores, estranhos, garçons, garçonetes, porteiros, crianças e todos mais, em qualquer lugar.

Larry gere uma empresa multibilionária que trabalha com imóveis, seguro, tecnologia e automotivos. Ele não pensa pequeno com nada e atua com uma ética profissional quase incompreensível, que está muito além de apenas entusiasmo. Larry passa a maior parte do tempo recrutando pessoas excelentes, obcecadas, que entram com tudo e podem se tornar extensões de sua própria mentalidade obcecada e totalmente entregue ao que faz. Ele busca pessoas vorazes que tenham uma motivação interna de chegar mais cedo à empresa e ficar até mais tarde.

Pergunte a qualquer grande empresário como construiu seu negócio e, ao responder, em algum momento ele vai mencionar o fato de ter se cercado de pessoas excelentes. Resumindo: para ser o melhor, você deve se cercar dos melhores.

Você deve ter pessoas em sua empresa que vão fazer de tudo para que ela seja bem-sucedida: vão pular de um prédio, atravessar paredes e acreditar que podem voar por sua causa. Se não tiver ninguém assim trabalhando para você, que vergonha. Você não consegue expandir um negócio sem se cercar de gente que se compromete dessa maneira. Você não pode ser o único maníaco. Não pode expandir seu negócio sem contratar pessoas que compartilhem de sua obsessão. E há outras pessoas obcecadas que você deveria contratar por aí.

> Você deve ter pessoas em sua equipe que vão fazer de tudo: pular de um prédio, atravessar paredes e acreditar que podem voar por sua causa.
> #SejaObcecado
> @GrantCardone

Você deve fazer da mentalidade obsessiva uma parte da sua cultura corporativa, de cima abaixo. Todas as grandes empresas têm grandes pessoas! Todas elas.

NÃO SEJA O ÚNICO PROTAGONISTA

Grandes organizações nunca dependem apenas de uma pessoa.

Nos EUA, existem 22 milhões de empresas legalizadas que não têm nenhum funcionário. A *Forbes* sugere que 75% de todas as empresas funcionam com apenas uma pessoa. E a renda média dessas empresas são tristes US$44 mil. Isso não é uma empresa, é uma tortura. É uma prisão em que você é, ao mesmo tempo, carcereiro e prisioneiro.

O que leva alguém a abrir uma empresa para ser o único a trabalhar nela? Estão decididos a continuar pequenos? Ou talvez o empreendedor ache que a disponibilidade de pessoas talentosas é tão pouca que não vai conseguir contratar ninguém que trabalhe tão bem quanto ele e acaba desistindo. Eu aposto na última possibilidade: a maioria simplesmente desistiu e disse, "É mais fácil se eu trabalhar sozinho."

Eu sei porque foi isso que fiz, e foi um movimento suicida. Como meu negócio era dependente de mim, e somente de mim, eu mal conseguia sobreviver, que dirá crescer, nos primeiros dez anos. Então, contratei outra empresa para divulgar minhas palestras. Quando contratei apenas uma pessoa para me auxiliar em meu escritório domiciliar, achei que estava sendo muito esperto: "Mantenha tudo pequeno. Mantenha as despesas baixas. Segure as rédeas. Nem sempre maior é melhor." Eram essas as coisas que eu dizia para justificar a falta de crescimento da minha empresa. Fiz isso por anos e até me gabava de como estava me saindo bem sozinho.

Depois, abri um segundo negócio com um sócio, uma empresa de consultoria que eu geria paralelamente à minha empresa de palestras. Esta ficou maior que a primeira porque meu sócio contratou pessoas para trabalhar para nós. Mas, mesmo assim, eu resistia a trazer mais gente para a empresa porque mantinha a ideia de que não queria ter as dores de cabeça e gastos que vêm com a gestão de pessoal.

Minhas margens de lucro eram gigantescas quando eu não tinha funcionários, mas nunca conseguia aumentar as receitas sem me matar. Desde então, aprendi que era ali que eu deveria ter colocado toda minha atenção e todo meu esforço. Porém, com os esforços de apenas uma pessoa e uma empresa de marketing contratada, eu só conseguia crescer até certo ponto.

Sei que muitos palestrantes e gurus dos negócios gerem suas empresas sozinhos. O que significa que, embora estejam dando ótimos conselhos sobre como expandir um negócio, eles mesmos conseguem não crescer! Esse espetáculo de um protagonista deles pode ser apenas um cara ou uma garota saindo por aí, recebendo taxas, vendendo seu tempo e alguns livros. E, quando estão palestrando, o negócio cessa todas as atividades.

Comecei a estudar outras pessoas e empresas que tinham crescido muito e descobri que todas tinham muitos funcionários. A realidade é que não se pode ter um grande negócio se for só você. É preciso trazer mais gente. Se não acredita em mim, tente pensar em uma empresa grande de verdade, que é bem-sucedida, viável, está ativa e crescendo que não tenha várias pessoas fazendo acontecer. Boa sorte.

Empresas são feitas de pessoas, não apenas máquinas, automação e tecnologia. Você precisa de pessoas ao seu redor para implementar programas, acrescentar paixão à tecnologia, atender clientes e, finalmente, levá-lo aonde quer ir. Pense na monstruosa empresa online Amazon: ela tem mais de 220 mil funcionários. A Apple tem mais de 100 mil; a Microsoft tem aproximadamente a mesma quantidade. A Ernst & Young tem mais de 200 mil.

A Apple chama os funcionários que trabalham em suas lojas de "gênios". Você não quer contratar funcionários que merecem esse título? Imagine como eles poderiam tornar sua empresa poderosa.

SIM, VALE A PENA CONTRATAR — MESMO NA CULTURA DE MEDIANIDADE

Cometi o erro de continuar pequeno porque achei que era muito difícil achar pessoal bom e, mais ainda, mantê-lo.

Não quero que cometa esse erro. Você deve crescer, e deve fazê-lo com pessoas. E, o mais importante, deve ficar obcecado pela ideia de que bons funcionários são cruciais para sua sobrevivência. Quem desiste das pessoas só tem a garantia de que não vai ter um bom negócio.

> Ótimos funcionários são cruciais para sua sobrevivência.
> #SejaObcecado
> @GrantCardone

Segundo uma pesquisa de 2013 da Gallup, "State of the Global Workplace" ["Estado do Ambiente de Trabalho Global", em tradução livre], apenas 13% dos funcionários no mundo inteiro estão motivados com o trabalho, enquanto 24% estão desmotivados, indicando que estão infelizes e são improdutivos no trabalho e arriscando espalhar negatividade entre colegas. Em números aproximados, isso significa que são 900 milhões de empregados não motivados e 340 milhões de fato desmotivados no mundo inteiro.

Eu acho que, na verdade, é ainda pior. As pessoas não estão simplesmente desmotivadas no trabalho. Elas sequer estão no trabalho! Sim, estão no prédio. Sim, bateram o ponto. Sim, há um corpo na cadeira. Pode parecer que alguém está sentado na frente do computador, talvez até com um telefone na mão. Mas é só isso. Muitas pessoas estão fazendo só o que se espera delas e nada mais. A maioria dos empregados está cheia de ressentimentos com seus gerentes, acham que merecem mais do que realmente merecem e atuam com níveis de incompetência quase estarrecedores. A maioria sabe mais sobre o escândalo de celebridade mais recente que sobre o próprio trabalho.

Mas isso não significa que não haja pessoas ótimas por aí. Eu sei, já contratei as boas e as ruins. O que isso significa, no entanto, é que você precisa ser muito rigoroso ao contratar e muito diligente. Vai ter que lidar com muito lixo até encontrar as pessoas que quer trabalhando para você. É frustrante, mas importante. Porque, embora você seja o projetista e o motorista do carro, seu pessoal é o motor, a transmissão e as rodas. Sua empresa não vai arrancar sem essas peças.

PARE DE RECLAMAR DA FOLHA DE PAGAMENTO

Muitas pessoas não querem ter despesas com empregados. A verdade? As pessoas não custam dinheiro. O que custa dinheiro é não fazer sua empresa crescer. Cada nova contratação deve lhe trazer mais dinheiro, e, se não o fizer, você não está com a equipe certa ou não a está gerenciando direito.

> As pessoas não custam dinheiro. O que custa dinheiro é não fazer sua empresa crescer.
> #SejaObcecado
> @GrantCardone

Eu passei de cinco funcionários para algumas centenas e, conforme minha folha de pagamento estourava, a receita da minha empresa estourava igual. Enquanto os ganhos líquidos aumentaram cinco vezes, o bruto cresceu quase cem vezes. Essa é só a primeira boa notícia. Multiplicamos o nosso número de clientes por 8 mil, nosso público por milhões e criamos 12 vezes mais produtos. Além disso tudo, o resultado mais valioso é que a empresa ainda tem um futuro viável sem que eu esteja envolvido nela diariamente. Posso me focar e me esforçar pelas coisas que faço melhor.

Sem a ajuda de uma equipe especializada crescente, você já tem uma perda garantida. Então, pare de reclamar dos custos com a folha de pagamento.

COMO ENCONTRAR OS MELHORES

Seu pessoal é seu poder. Se não se cercar dos melhores, se não criar, em sua empresa, uma cultura de obsessão pelos mesmos objetivos que você quer alcançar, não expandirá seu poder. Se não continuar recrutando, tem que se virar com o que já tem. E as pessoas de quem você depende hoje podem decepcioná-lo amanhã. Então, invista em pessoal e continue investindo. Fazer menos que isso significa que você não está obcecado com o bem-estar de seu negócio.

Há muitas abordagens para a contratação de pessoal, e compartilho algumas das minhas ideias a seguir. Mas, primeiro, vou compartilhar algo completamente inusitado que fiz. Produzi um programa chamado *Whatever It Takes* ["O Que For Preciso", em tradução livre]. Entrevistamos mais de 250 pessoas e gravamos tudo. Vasculhamos o Facebook, o telefone e o carro delas, depois as fizemos passar por provas extenuantes — fizeram tudo isso com uma câmera na cara delas registrando tudo. Com a autorização delas, publicamos.

O que ficou mais claramente demonstrado nisso foi o seguinte: você precisa avaliar muita gente até encontrar os bons. Na primeira temporada, contratamos dez pessoas e mantivemos seis. Na segunda, tivemos um grupo melhor de pessoas; contratamos 14. Mas acabamos perdendo todas.

Apesar de todos os fracassos, nossos esforços nos permitiram montar uma equipe muito forte. Veja como fizemos.

CONSTRUA A REPUTAÇÃO DE UM LUGAR ONDE AS PESSOAS QUEREM TRABALHAR

Se você estiver produzindo excelentes produtos, fazendo vendas, reinvestindo e conhecendo gente nova, vai ter a reputação de fazer um excelente trabalho. Deixe isso beneficiá-lo. Se estiver fazendo coisas ótimas, outras pessoas que fazem coisas ótimas vão encontrá-lo e vão querer trabalhar com você.

> Faça coisas ótimas e os que querem fazer coisas ótimas vão encontrá-lo e querer trabalhar com você. **#SejaObcecado @GrantCardone**

O atual vice-presidente da minha equipe de vendas chegou até nós porque um cliente, seu pai, estava empolgado com nossa Universidade de Treinamento em Vendas. Ele disse ao filho: "Você tem que tentar trabalhar para esse tal de Grant Cardone". Aos 26 anos, esse filho começou a fazer ligações ativas, ganhando US$2,5 mil por mês. Agora ele gere todo o departamento de vendas da minha empresa.

Fico tão ocupado fazendo alarde, que as pessoas querem vir trabalhar para mim e me encontram. Steve Spray dirigiu do estado de Indiana até Miami para implorar que nós o contratássemos! Dave Robards se mudou de Las Vegas, bancando tudo do próprio bolso. De fato, meu pessoal mais produtivo veio do país inteiro, não do mercado local.

CONTRATE SEMPRE, NÃO SÓ QUANDO TIVER VAGAS

Os grandes empresários fazem do recrutamento uma de suas maiores prioridades. No caso de Larry Van Tuyl, ele via todo mundo que conhecia como alguém que poderia recrutar para aumentar suas empresas.

Se você só preencher as vagas que estão abertas e que criou a partir de sua própria perspectiva, está se limitando e não vai encontrar gente excelente.

Um dia, tive a oportunidade de observar Larry trabalhando para recrutar alguém: eu! Ele me encheu de perguntas: "O que você faz da vida?", "Qual seu maior sonho?", "É casado?", "Tem uma família para cuidar?", "Quando vai sossegar o facho?", "Quer administrar um dos meus negócios?"

Senti-me lisonjeado pelo fato de o Sr. Van Tuyl haver tido uma impressão tão boa de mim a ponto de me pedir para trabalhar para ele. Ele soube assim que me conheceu que eu estava tentando fazer o mesmo que ele, mas em um ramo diferente. Os obcecados por fazer o próprio negócio crescer devem recrutar constantemente, não apenas quando for necessário ou quando a economia estiver bem.

CONTE PARA TODO MUNDO QUE ESTÁ CONTRATANDO

Para começar, você precisa colocar um cartaz com "Estamos Contratando" na porta. Nunca foi tão fácil como agora com as redes sociais. Você tem todas as plataformas online disponíveis para contar para o mundo que está contratando. Poste no Facebook, no Twitter, no seu site, no LinkedIn, na OLX. Poste em todos os fóruns online possíveis todos os dias para que as pessoas fiquem sabendo: "A Grant Cardone Enterprises está se expandindo novamente e estamos contratando."

Não se esqueça dos meios mais antigos também. Anuncie nos classificados de jornais, revistas locais e nacionais, peça para seu pessoal avisar aos parentes e amigos. Divulgue em todo lugar que imaginar, porque, para que as pessoas o encontrem, elas precisam saber que quer que gente excelente venha trabalhar para você.

ANALISE MAIS CURRÍCULOS DO QUE ACHAR NECESSÁRIO

Quando transferi meus escritórios da Califórnia para Miami, analisamos 800 currículos para contratar quatro pessoas — e nos enganamos com duas delas. Quando se trata de contratar, você precisa ficar recrutando, procurando, caçando, divulgando e sendo obcecado em um nível absurdo. Isso significa analisar um número absurdo de currículos.

FAÇA VOCÊ MESMO AS ENTREVISTAS, SEMPRE QUE POSSÍVEL

Contratar não é apenas uma questão de analisar currículos e verificar o LinkedIn. Envolve ter uma percepção instintiva de como é o outro. Há muito que se levar em conta, não apenas a capacidade do candidato de realizar as tarefas exigidas para o cargo, mas também como ele vai se adaptar à cultura corporativa que você quer criar.

> Sua marca é seu xodó. Proteja-se de gente negativa que vai contaminá-lo.
> #SejaObcecado
> @GrantCardone

Sua marca é seu xodó, e você precisa se proteger para não deixar entrar gente negativa que vai contaminá-lo. Envolva-se nas entrevistas sempre que puder. No mínimo, apareça quando as pessoas estiverem sendo entrevistadas para apertar a mão delas. Como todos no mundo corporativo sabem, um aperto de mão e um cumprimento deixam uma grande impressão.

SAIBA O QUE BUSCAR

Você está obcecado pelo sucesso, mas consegue perceber a mesma qualidade nos outros? Quais outras qualidades são importantes para você? Procuro algumas coisas importantes:

- Disposição para fazer o que for preciso
- Obediência a ordens
- Capacidade de entender uma ordem sem fazer drama
- Agilidade

- Disposição para morrer pela causa
- Ter uma cartela de clientes (que precisam de nosso produto).

Treine-se para detectar as qualidades que vão criar a cultura e o ambiente de trabalho que você quer. Quando estiver olhando o histórico de um candidato ou o ouvindo durante a entrevista, considere estas perguntas reveladoras:

- Ele já atingiu seus objetivos repetidamente? Superou esses objetivos?
- Está envolvido com a família, a comunidade ou a igreja?
- Ele tem um motivo para trabalhar bem, como uma família para cuidar?
- Só quer o emprego, sem se importar com onde mora?
- Já recebeu prêmios ou foi reconhecido pelo trabalho?
- Leu um livro recentemente? Sobre o que era?
- Chegou mais cedo, pontualmente ou atrasado?
- Procurou se informar sobre a empresa, o proprietário, o executivo?
- Fala positivamente sobre suas experiências de trabalho ou fala mal de todos os ex-patrões?
- Pergunta o que você quer e do que precisa ou se dá ao trabalho de mostrar o que você está fazendo errado?
- Você quer essa pessoa por perto todo dia? Quer lhe dar ordens, trabalhar com ela e passar tempo com ela?

PROCURE PESSOAS CUJA MOTIVAÇÃO VAI ALÉM DO DINHEIRO

Contrate pessoas que querem ganhar dinheiro e fazer a diferença, não apenas pessoas que têm contas para pagar. Procure aquelas que querem dinheiro para fazer a diferença na própria vida e, possivelmente, na de outras pessoas. Procure o que pode motivá-la a ir para o trabalho todo dia, além do desejo de receber o salário. O dinheiro não deve ser a obsessão absoluta.

> Contrate pessoas que querem ganhar dinheiro e fazer a diferença, não apenas que têm contas para pagar.
> #SejaObcecado
> @GrantCardone

Quando você contrata pessoas que só estão tentando arcar com as próprias despesas ou comprar coisas suficientes para ter uma vida razoavelmente confortável, isso muitas vezes cria um problema recorrente para elas e para você. Pessoas com objetivos financeiros minúsculos estão sempre se deparando com problemas na vida — aqueles probleminhas que podem virar problemas maiores por causa de um mau planejamento. Elas têm um emprego, então está tudo bem, mas, daí, algo acontece e, de repente, elas acham que ganham pouco. E você herda os problemas financeiros delas.

Você não pode nem deve cuidar dos problemas financeiros dos outros. Se a pessoa que está pensando em contratar ou que trabalha para você não dá valor suficiente ao dinheiro para ser responsável com ele, tentar resolver os problemas financeiros dela só vai causar dor de cabeça para você. Eu nunca resolvo problemas financeiros alheios. Nunca. Porque, se eu o fizer, nunca vão aprender a cuidar dos próprios problemas.

Não quero saber se você vai contratar um recepcionista ou uma executiva de alto escalão; busque pessoas adequadamente motivadas pelo dinheiro e então lhes dê uma oportunidade para produzir e ganhar bônus. Eu falo com minha equipe três vezes por semana sobre a importância de manter as finanças em ordem.

Uma vez entrevistei para um cargo executivo um sujeito promissor que disse poder fazer minha empresa crescer. Mas ele ficava forçando para saber quanto ganharia em vez de querer saber mais sobre a oportunidade. Perguntei na entrevista: "O que é mais importante: a oportunidade ou o salário inicial?" Ele respondeu: "Neste momento, estou optando pela empresa que puder me pagar mais." Descartamos.

> O funcionário empreendedor sempre vai se focar na oportunidade, não no dinheiro.
> #SejaObcecado
> @GrantCardone

Pessoas verdadeiramente talentosas sabem que a oportunidade é sempre mais importante que o "Quanto?" O funcionário empreendedor sempre vai focar a chance, não o dinheiro. Veja o exemplo do cara que trabalha na parte gráfica para mim, Paul. Quando nos conhecemos, ele disse: "Quero trabalhar para você porque sei que tem futuro. Não me pague nada. Apenas me deixe provar meu valor." Contratei na hora. Paul acabou se revelando uma contratação quase perfeita para minha empresa. Ele reconheceu que havia uma oportunidade e acreditou nas próprias habilidades o suficiente para não se preocupar com dinheiro em curto prazo, sabendo que poderia mostrar seu valor em longo prazo e que seria recompensado. No ano passado, ele teve uma renda anual de seis dígitos em uma função que normalmente paga US$65 mil dólares anuais nos EUA.

Pergunte-se: a pessoa na sua frente está interessada na cobertura ou no bolo? As pessoas em busca de gratificação imediata, promessas de promoções e bônus por tempo de trabalho e que se preocupam mais com folgas do que com como podem contribuir simplesmente não dão certo em minhas empresas. Procuro pessoas que não queiram simplesmente fazer seu trabalho, mas que queiram me ajudar a ganhar dinheiro e ajudar na expansão da minha empresa, sabendo que vão se beneficiar.

> Sua função não é cuidar das trapalhadas dos outros, é manter os atrapalhados fora de sua empresa.
> **#SejaObcecado**
> **@GrantCardone**

A moral da vida pessoal de quem está na sua frente é a mesma que ela vai levar para o trabalho. Sim, você está contratando gente que vem de um mundo de pessoas arruinadas com boas intenções, a maioria das quais não está apta a trabalhar para obcecados. Não se sinta mal por isso. Seu trabalho não é cuidar das trapalhadas dos outros, é manter os atrapalhados fora de sua empresa.

CONTRATE PESSOAS SURPREENDENTES

Não tenha medo de procurar candidatos em canais incomuns. Pessoas excelentes podem ter históricos realmente surpreendentes.

Nós contratamos um artista gráfico profissional que ainda não tinha cidadania norte-americana quando respondeu ao nosso anúncio na Craiglist. Ele está comigo há três anos e é como se fosse da minha família. Nunca falta trabalho, é sempre pontual e faz um trabalho incrível. (Ah, ele acabou de ganhar a cidadania.)

Postamos outro anúncio online procurando um "gênio dos vídeos pessoais". O cara que acabei contratando trabalhava em uma loja da Banana Republic quando viu o anúncio — não é bem o lugar onde achei que contrataria alguém. Ele está comigo há quase três anos, viaja comigo pelo mundo e é um dos nossos funcionários mais rentáveis.

PERSIGA OS TALENTOS E INSISTA ATÉ QUE SEJAM SEUS

Antes de trabalhar para mim, nossa diretora de operações trabalhava para uma grande celebridade em Los Angeles. Tinha ouvido falar dela e fiquei dois anos tentando contratá-la até finalmente conseguir. Ela agora me ajuda a vigiar a Cardone Acquisitions, a Cardone Training Technologies e a Grant Cardone TV.

UMA OBSERVAÇÃO SOBRE AGÊNCIAS DE RH

Nós já trabalhamos com dez agências de RH diferentes — em uma tentativa de economizar tempo — e todas foram uma decepção total. Mandaram pessoas que não tinham autoconfiança suficiente nem para apertar minha mão e olhar nos meus olhos. Embora eu confesse que as utilizo, não gosto delas. Minha diretora de operações pode recorrer a elas, mas, se eu sei que alguém veio de uma agência de RH, tenho quase certeza de que não vai dar certo. É porque ninguém conhece sua empresa ou marca como você. Nenhuma agência de RH consegue me convencer de que vai trabalhar para minha empresa — ou descobrir quem realmente vai se adequar a ela — tão bem quanto eu.

ROTATIVIDADE

Sei que todo mundo odeia rotatividade, e há muitos dados que sugerem que a alta rotatividade de funcionários é uma estatística terrível.

- Um estudo de 2012 da *Forbes* descobriu que um funcionário dura em média 4,4 anos no emprego.
- Um relatório da PayScale descobriu que a permanência média de um funcionário da geração millennial (nascida no período 1981–1996) era de apenas dois anos, contra sete anos para um baby boomer (pessoa nascida entre 1946 e 1964, nos EUA).
- Uma pesquisa de 2013 da Millenial Branding e da Beyond.com, um site de networking de carreira, descobriu que 30% das empresas haviam perdido 15% ou mais dos trabalhadores da geração millennial nos anos anteriores.
- Um estudo de 2014 da CompData Surveys sugere que sua taxa de rotatividade será de sete contratados para um que continua no emprego.

São estatísticas deprimentes, mas elas não contam toda a história.

Pode parecer surpreendente, mas, para mim, a rotatividade não significa quase nada. Entendo a realidade. É difícil trabalhar comigo, não porque eu seja duro ou injusto, mas porque, para muitas pessoas, trabalhar comigo é sua primeira experiência atuando com alguém que realmente as pressiona. Tenho que ficar contratando constantemente apenas para continuar encontrando pessoas que possam se adequar às minhas empresas. Talvez o mais importante: preciso recrutar sempre para me livrar das pessoas com as quais não estou contente.

A maioria das novas contratações não é excelente. Haverá muitas decepções. Já me decepcionei muitas vezes — mas muitas mesmo — com pessoas que contratei. Por exemplo:

> Tenho que recrutar constantemente apenas para continuar encontrando pessoas que possam se adequar às minhas empresas e tenho que continuar recrutando para me livrar das pessoas com quem não estou contente. **#SejaObcecado @GrantCardone**

- A contratação "perfeita" que se mostrou o contrário;
- A contratação que no fundo eu sabia que era equivocada, mas à qual dei uma chance mesmo assim;
- A boa contração, com um ótimo currículo e pedigree que foi um fiasco;
- A mentirosa;
- A criminosa;
- A sem graça, cara honesto que não roubava nada, mas também nunca entregava tudo;
- A detalhista, pessoa que perdia tempo com detalhes só porque não tinha ideia do que estava fazendo;
- A que achou que sabia tudo, mas na realidade não sabia de nada sobre o que a empresa precisava.

Sempre que dispensamos alguém, acho bom. Significa que não estamos nos acomodando e nem vamos ficar reféns de gente mediana. Estamos tomando medidas para nos livrar daqueles que não se adequam.

Conheço empresas que se gabam de manter os mesmos funcionários trabalhando para elas por 20 anos. Mas eles são produtivos ou só estão de bobeira por lá? Pense no esporte profissional. Os times da NFL e da NBA não contratam assim. Dizem: "Produza ou vamos trocá-lo por outro." Estão constantemente contratando e abrindo espaço para novos jogadores. Você deveria fazer o mesmo.

> Conheço empresas que se gabam de baixa rotatividade, mas é preciso coragem para se livrar de pessoas que não deveriam mais estar ali.
> #SejaObcecado
> @GrantCardone

Empresas que nunca demitem, que fazem o possível para não ter rotatividade, estão se impedindo de avançar. Não gosto quando as pessoas pedem demissão, porque isso significa que não nos livramos delas antes. Significa que a empresa está na retranca, não no ataque.

Vamos supor que tem alguém trabalhando para você que vem pensando secretamente em deixar a empresa. Você acha que essa pessoa vai embora no mesmo dia em que pensou em ir? Claro que não! Embora tenha decidido partir em março, só pede demissão em dezembro. Nos nove meses antes de finalmente tomar coragem para ir, fica gerando dúvidas no grupo. Apenas com sua presença ou falta de presença total, essa pessoa traz dúvida ao grupo. Isso afeta não só sua produção, mas a de todos ao seu redor.

Espero perder pessoas quando as contrato. Digo à minha esposa: "Pessoas vêm e vão. A gente deve partir do pressuposto de que as únicas que vão sobrar nesta empresa no final somos nós." Tudo bem. Não deixe isso entristecê-lo. Contrate, contrate mais e contrate novamente.

Você não vai arruinar seu negócio perdendo pessoas; vai arruiná-lo quando parar de recrutar. Você merece aumentar sua empresa e torná-la uma marca famosa, e não vai conseguir fazê-lo sem que as pessoas que estão o ajudando divulguem. Você precisa de gente que atravesse paredes por você, por elas e pelas próprias famílias para aumentar seu negócio e a renda delas, gente que morra pela causa. Isso não significa que você pode esperar que todos o façam. Precisa ficar obcecado com encontrar pessoas incríveis e precisa fazer empréstimos, gastar e até roubar de outras empresas para consegui-las. Depois, faça tudo que for preciso para que elas vistam sua camisa, livre-se das que não vestirem e repita tudo de novo.

> Você precisa ficar obcecado com encontrar pessoas incríveis e precisa fazer empréstimos, gastar e até roubar de outras empresas para consegui-las. **#SejaObcecado @GrantCardone**

RECOMPENSE PELO DESEMPENHO

Tenho uma política que é explicada para cada pessoa no momento da contratação: "Você nunca vai receber um aumento pelo tempo de trabalho aqui. Se quiser um aumento ou um abono, mereça! A responsabilidade de ganhar dinheiro é sua, tanto quanto é minha."

Não dou bônus aos funcionários só porque ficaram no emprego um ano ou porque é Natal. Anos atrás, uma funcionária chegou para mim e disse: "Já estou aqui há 12 meses. Acho que é hora de um aumento." Respondi: "Estava esperando que, após 12 meses, faria mais pela empresa do que o serviço que foi contratada para fazer. Quer mais dinheiro? Consiga mais dinheiro para mim. Não faça apenas seu serviço, eu já pago bem o bastante para isso."

Não contrato pessoas apenas para fazer seu serviço; contrato para me ajudar a aumentar minha empresa. Se quiser um aumento, aumente o faturamento do seu departamento ou reduza o custo de operação dele. É fácil assim.

> Não contrato pessoas apenas para fazer seu serviço; contrato para me ajudar a aumentar minha empresa.
> #SejaObcecado
> @GrantCardone

Produza mais do que lhe pagamos para fazer e você pode ganhar um bônus. Não vou dar bônus porque você é leal, porque se comunica bem, trabalha em equipe, é organizado e pontual ou porque está no emprego há muito tempo. Espero todas essas qualidades e já paguei por elas. E, além disso, vou demitir você se não mostrar essas qualidades esperadas. As pessoas estão destinadas ao fracasso na vida quando recebem aumentos pelas coisas erradas.

Pago bônus quando você consegue um bônus para a empresa, da mesma maneira que o mundo me paga. E não é diferente em outros departamentos. Os mais altos executivos em minhas empresas recebem salários justos (não altos) e são recompensados com base na receita líquida de todos os departamentos, pagos trimestralmente. Os gerentes dos departamentos recebem bônus mensal sobre a receita líquida quando atingem metas que superam os custos de funcionamento dos próprios departamentos e o que eu poderia conseguir sem seus esforços.

> Pago bônus quando você consegue um bônus para a empresa, da mesma maneira que o mundo me paga. **#SejaObcecado @GrantCardone**

Faço isso com todas as pessoas de todos os departamentos, inclusive aqueles que ficariam, de outra forma, completamente alheios à criação de receita. Por exemplo, o departamento de tecnologia é cheio de pessoas que nunca haviam ganhado comissão. Mudei completamente a forma como enxergam seu departamento e ganham dinheiro. Agora, eles estão mais interessado em receita líquida para o departamento que em gigabytes e códigos. Então, em vez de executar suas funções tecnológicas lentamente, eles ficam motivados a usar a tecnologia para gerar receita.

NÃO CONTRATE APENAS, CRIE UMA CULTURA

Contratar e encontrar pessoas com qualidades e vorazes são apenas a primeira fase do desafio. Posteriormente, você tem que criar a cultura corporativa que quer.

Qual é a cultura que criou? Qual impressão quer que as pessoas tenham sobre aspecto, atuação e comunicação de sua empresa? Ela passa essa impressão? E as pessoas que você contrata conhecem essa cultura? Pessoalmente, quero que meu negócio, minha casa, meu carro e tudo que possuo sejam extensões de mim e de minhas ideias, não de outra pessoa. Aqui estão alguns exemplos da cultura corporativa que criei e que trabalho para manter:

- Exijo ordem e espero o mesmo dos outros.
- Trabalho duro e espero o mesmo dos outros.
- Trabalho rápido e espero o mesmo dos outros.
- Invisto tempo em me tornar mais competente e autoconfiante e espero o mesmo dos outros.
- Me visto de uma determinada maneira e espero que os outros se vistam como pessoas bem-sucedidas.

Não posso forçar os outros a fazer essas coisas, mas eles também não podem me forçar a mantê-los no emprego. Passei muito tempo de minha vida sendo razoável, sem saber que posso conseguir as coisas do jeito que quero. Venha aos nossos escritórios qualquer hora e vai ver uma extensão de mim. Estou sempre reforçando a cultura que quero. Lutei muito pelo meu sucesso e sei que tenho que lutar para mantê-lo, começando pela cultura.

Um dia, em nossos escritórios, vi um cara das vendas escrevendo em um bloquinho. Me aproximei dele e indaguei: "Qual é o valor do cliente com quem acabou de falar?" Ele disse que a conta era de US$80 mil. "Então, por que reduziu um cliente de US$80 mil a um bloquinho de notas?", perguntei. "Não está faltando papel nem tecnologia aqui." Fui até o meu escritório e proibi o uso de bloquinhos de notas no departamento de vendas. Estou impondo a cultura que quero criar.

Da mesma forma, um cara entrou no meu escritório para uma entrevista de emprego usando colônia. Eu disse: "Se você conseguir emprego aqui, jamais venha ao meu escritório usando essa colônia de novo." Não gosto de colônias; e é minha empresa, então eu que mando. Igualmente, se você fuma, usa drogas, bebe, tem problemas conjugais, financeiros e vive em um drama, faça isso no seu tempo livre, não no meu tempo. Não traga nada disso para meu escritório.

Hoje vivemos em mundo em que proprietários de empresas se sentem mal de exigir o que querem na própria empresa. É uma loucura! Faço o que for para conseguir o que quero, mesmo que tenha que dizer umas verdades para alguém.

Tento dominar a forma de pensar dos meus funcionários todos os dias. Meu pessoal passa oito horas por dia comigo e, depois, são influenciados pelos meios deles durante as outras 16 horas. Não sei o que estão lendo, ouvindo, assistindo, praticando ou pensando nessas 16 horas. Não sei quais são suas bases morais ou o que fazem na privacidade do lar. Mas sei que todo dia tenho que me esforçar muito para proteger a cultura "Grant Cardone".

Em minhas empresas, todo dia criamos, narramos e disseminamos suas histórias de sucesso. De duas a três vezes por dia, mando mensagens para a equipe sobre grandes descobertas, conquistas e vitórias de clientes. Tenho pôsteres de frases inspiradoras pelo escritório. Ninguém tem dúvida de onde está, para quem está trabalhando ou por que fazemos o que fazemos.

Comece todo dia com uma reunião falando sobre suas vitórias e continue disseminando histórias de sucesso ao longo do dia. Encha o ambiente com seus bordões, sua missão e as coisas em que acredita. Mantenha as pessoas ocupadas, passando de tarefa para tarefa, e mantenha a atenção delas em metas alcançáveis.

Fazê-las vestir sua camisa e continuar a usando vai exigir algum esforço. Você, como líder, deve ser a pessoa mais obcecada da equipe e ter pessoas ao seu redor que acreditam em você e em sua missão. No fim do dia, no entanto, se você não oferecer a estrutura nem investir tempo, energia e recursos para manter isso diariamente, tudo sucumbe.

Se quiser pessoas espetaculares, deve começar sendo o exemplo espetacular. Você deve ser excelente antes delas. Deve ser o obcecado para torná-las obcecadas. Enquanto você não chegar mais cedo nem ficar até mais tarde, não espere que os outros o façam. Se fizer o que tenho feito, um dia vai olhar e ver os outros fazendo melhor o que você já fazia!

> Se quiser pessoas espetaculares, deve começar sendo espetacular.
> #SejaObcecado
> @GrantCardone

CAPÍTULO 11
SEJA CONTROLADOR

Recentemente, me perguntaram em uma entrevista: "Você se acha controlador?"

"Sem dúvida nenhuma", respondi. "Adoro controle, exijo controle, tenho tesão por isso e faço de tudo para tê-lo. As únicas pessoas que não gostam de controle são as que não o têm ou que fizeram mau uso dele no passado."

> As únicas pessoas que não gostam de controle são as que não o têm ou que fizeram mau uso dele no passado.
> #SejaObcecado
> @GrantCardone

Todas as pessoas que eu tinha como modelos eram extrovertidas, agressivas, carismáticas e propensas a exercer controle. Eu me atraía pela ideia de que a pessoa que estava no controle tinha poder, dava as cartas e tomava as decisões.

Quem não ama e admira a pessoa no controle, o super-herói que se arrisca para resolver problemas, proteger pessoas e salvar o mundo? James Bond, por exemplo, tem um equipamento ótimo, ternos bem ajustados e mulheres gostosas. Ele também está sempre encarregado de algo, disposto a ignorar autoridades para fazer o que é certo. Além disso, é mais perigoso que os vilões.

Eu não podia esperar para crescer e assumir o controle de algo. Meu pai era um artista no quesito controle; manipulava-o como um martelo e não tolerava besteira, pelo menos em casa. Isso deixava nosso ambiente seguro; nós sabíamos quem estava no controle e quem era o líder. Ele sabia aonde estava indo e o que esperar de si e dos outros, tinha uma ética profissional incrível, amava as pessoas e acreditava que vencer na vida era seu dever. Ele cobrava respeito e exigia disciplina dos filhos. E meu irmão mais velho, Curtis, herdou muito disso. Ele era forte, veloz, muito bem articulado, autoconfiante e tinha uma aptidão natural para a política. Eu o idolatrava.

Não tenho ideia se eles se viam como "líderes". Mas, definitivamente, influenciavam o comportamento das pessoas, mesmo sem ter um título formal.

DIFERENÇA ENTRE CONTROLE E LIDERANÇA

Vivem me perguntando sobre meu estilo de liderança. Não penso muito sobre liderança; penso em controle. Sei que "líder" parece mais inspirador e que o mundo corporativo quer falar sobre liderança, mas, quando as coisas dão errado, não ligo para liderança; quero controle ou, pelo menos, saber quem está no controle. Quero respostas, quero resolver problemas rapidamente e saber que posso dar soluções e colocar ordem nas coisas.

Sou um líder? Em minha própria empresa, com as finanças, minha família, igreja e comunidade, sim, sou um líder. Nos negócios, redes sociais e no campo das vendas, sou um líder. Mas quando vou trabalhar para outra empresa ou dar apoio aos militares no Pentágono, não sou o líder. Estou trabalhando com outros que estão liderando — mas ainda quero ter controle.

Talvez seja só minúcia, mas não me importo com o título. O que me importa é se tenho o poder para determinar, prever e influenciar resultados. Se olhar em volta, vai ver que temos um monte de gente se autointitulando líderes, mas que não têm nenhum controle.

> Não me importo com o título. O que me importa é se tenho o poder para determinar, prever e influenciar resultados.
> #SejaObcecado
> @GrantCardone

Eu jogava beisebol quando era mais novo, como receptor. E, nessa posição, minha função era não apenas pegar o arremesso, como também guiar a equipe de trás da base. Embora não fosse o melhor atleta da equipe, sabia como deixar os outros empolgados e focados porque era capaz de exercer controle. Estava disposto a usar minha voz, minha energia e minha autoconfiança para despertar a convicção nos outros.

Acredito que verdadeiros líderes estão dispostos a assumir o controle. É preciso coragem para se erguer e exercer controle sobre seus meios, seu pessoal e seu futuro. É uma coisa boa.

A disposição para exercer controle exige coragem e autoconfiança. É impressionante o que você consegue realizar quando se livra de qualquer ideia negativa que tenha sobre o controle, toma a decisão de exercê-lo e, então, se acostuma a usá-lo para aprimorar as condições daqueles ao seu redor. Este terceiro ponto é especialmente crucial. Ao impulsionar as pessoas a patamares que elas achavam que nunca conseguiriam alcançar, fará por elas algo que nem seus pais, nem professores, nem irmãos, nem colegas fizeram. Vai lhes mostrar como tirar o máximo proveito da vida e lhes passar seu dom da obsessão.

Se você nunca tiver sido chamado de controlador em algum momento de sua vida, então, tem um problema. Os que não gostam de controle são os que têm problemas.

> Os que não gostam de controle são os que têm problemas.
> #SejaObcecado
> @GrantCardone

Está na hora de se apaixonar pelo controle e aprender a usá-lo para aprimorar seus meios e realizar seus sonhos. Esteja disposto a ser controlador. Os haters e pessimistas vão odiar, mas nós já falamos das motivações deles.

APENAS PESSOAS MEDIANAS SE RECUSAM A ASSUMIR O CONTROLE

Controle é bom. Só porque os outros tentam fazê-lo parecer ruim não significa que é. O fato é que pessoas descontroladas dão uma má reputação ao controle. Lembre-se: o que os outros criticam é exatamente aquilo de que desistiram.

As pessoas que reclamam de controle são as mesmas que se recusam a exercê-lo sobre seu ambiente e, depois, se ressentem desse ambiente. As pessoas que fizeram mau uso do controle no passado se recusam a assumi-lo porque não confiam em si mesmas para usá-lo para o bem dos outros.

Aqueles que não têm controle *se recusaram* a liderar e a se responsabilizar pelo controle de seus ambientes.

Se você se recusar a controlar, alguém vai aceitar. Mídia, cônjuge, vizinhos, políticos, Twitter, Facebook, a grande indústria farmacêutica, entre outros, fazem grandes esforços a cada segundo do dia para controlar qualquer um que lhes der atenção.

Todo dia, eu e você recebemos uma oportunidade de tomar as rédeas e cavalgar a fera para controlar nosso próprio ambiente. Tento acordar antes do sol todo dia porque quero controle. Vou para a academia porque sei que controle é importante. Supero metas e me adianto a prazos porque exijo controle. Demito alguém que se atrasar mais de duas vezes porque sei que tenho mais chance de sucesso quando estou no controle da cultura e da ética profissional do escritório. Tomo decisões difíceis porque quero exercer meu controle.

Muitos recusam oportunidades de ficar no controle dizendo: "Não, obrigado" ou "Deixe-me pensar a respeito". Eles prefeririam sentar no banco de trás do carro e avisar que você passou do retorno quando já for tarde demais. Ou pior, sentar ao seu lado e tentar guiá-lo, só que cheios de conjecturas e dúvidas, sem jamais querer tomar uma posição.

A maioria dos gerentes não quer ser chefe. Caramba, nem a maioria dos chefes quer ser chefe. Chefes e gerentes que têm obsessão absoluta pelo sucesso, que fazem o que for preciso — até se eu morrer — para resolver as coisas são difíceis de encontrar. A norma é que as pessoas se contentem com ter o título "vice-presidente" no cartão de visitas, mas depois recusam responsabilidades porque não querem exercer controle.

> A norma é que as pessoas se contentem com ter o título "vice-presidente" no cartão de visitas, mas depois recusam responsabilidades porque não querem exercer controle. **#SejaObcecado @GrantCardone**

No fim das contas, controle não é ruim: perdê-lo ou não tê-lo que é o problema. A sociedade reclama sobre os controladores quando o problema são os milhões de gerentes, executivos, proprietários, políticos e pais que se recusam a ficar no controle. Gerentes têm que verificar com o pessoal para saber se eles "vão aderir" a uma iniciativa antes de instituí-la. Triste.

Acredite: se você der de cara com gente que tem dificuldade de aceitar a ideia que estou compartilhando aqui, é melhor não contratar. Se já houver contratado, livre-se deles. Quem resiste ao controle é porque tem algo a esconder. Quem resiste ou fala mal do controle ou mesmo do microgerenciamento está aquém da função e rodeado de pessoas que trabalham abaixo do próprio potencial.

Muitas pessoas se subestimam e não acreditam que podem controlar o próprio ambiente, os filhos, as finanças, o tempo ou os resultados. É uma epidemia talvez nascida de toda aquela coisa de psicanálise que foi tão popular nos últimos 20 anos.

Bem, eu nunca vou ser assim, porque sou obcecado por evitar os problemas que vêm da perda de controle das partes mais importantes da minha vida. Se isso significa que você vai me chamar de controlador, pode chamar. Desde garantir a segurança da minha família até cuidar das minhas finanças, eu quero controle!

NÃO ESPERE QUE ALGUÉM LHE DÊ O CONTROLE

Você não precisa ganhar a responsabilidade nem ser promovido a uma posição de liderança para exercer controle. Eu nunca "ganhei" o controle, apenas o tomei. Exerci controle porque confiava que era capaz de realizar o serviço. Não tinha nada a ver com a permissão de alguém.

> Você não precisa ganhar a responsabilidade nem ser promovido a uma posição de liderança para exercer controle.
> #SejaObcecado
> @GrantCardone

Se você vir um problema óbvio e tiver a solução, é sua responsabilidade exercer controle, entrar em ação e liderar. Diga: "Deixa comigo!" É mais fácil pedir perdão que permissão. No mundo cruel em que vivemos, não se pode esperar que autoridades cuidem do seu futuro. Se seu chefe não estiver por perto e um cliente de alto nível precisar de atendimento, você vai dizer que depois ele liga ou vai atendê-lo? E daí se você tomar a decisão errada? Tome uma decisão, seja perigoso e, se seu chefe não gostar, venha trabalhar para mim!

Acredito que sei bem tudo que faço e, se não souber, vou treinar até ter completa confiança e competência no que for fazer. Seja uma ligação de vendas, lidar com minha filha de quatro anos ou usar uma arma de fogo, quero controle sobre todas as minhas habilidades para poder liderar em todas as diferentes áreas de minha vida. Não preciso ser a pessoa mais inteligente do recinto — não preciso nem estar certo —, mas preciso, sim, estar disposto a controlar as coisas.

> Não preciso ser a pessoa mais inteligente do recinto — não preciso nem estar certo —, mas preciso, sim, estar disposto a controlar as coisas. **#SejaObcecado @GrantCardone**

Tenho um verdadeiro problema com pessoas que equiparam inteligência a liderança e controle. Não tem nada a ver com ser inteligente ou estar certo. Se alguém estiver certo, mas não tiver controle, vai acabar incapaz de provar que está certo... logo, estará errado!

Tenho cinco empresas. Não gerencio esses negócios, os controlo. Eu contrato gerentes. Contrato chefes de departamento. Assino cheques, assumo riscos, tomo decisões e coloco a mim e a meu negócio em risco esperando recompensa. Sou um chefe, um empreendedor, então, embora precise de gerentes para garantir que vamos fazer o que tem que ser feito, controlo o ambiente para conseguir o que quero. E só abro mão do controle para outra pessoa quando ela prova que o local tem um desempenho melhor sob o controle dela.

CONTROLE O PROCESSO, CONTROLE OS RESULTADOS

O controlador é como um auditor fiscal interno: alguém com ideia fixa e obcecado por ver resultados. Você pode exigir resultados e exigir vê-los a qualquer momento do dia. Mostre-me os números, mostre suas conquistas, mostre o dinheiro, mostre onde pôs o dinheiro, o que os clientes disseram, mostre as declarações, mostre como fechou a venda com o cliente. Ouça as ligações.

Nós gravamos todas as ligações do nosso departamento de vendas para ouvi-las depois se precisarmos. Melhor ainda, às vezes fico escutando em tempo real sem que ninguém saiba. Mas o melhor mesmo é me meter na ligação e assumi-la em tempo real para salvar a venda.

Quero ver as coisas com meus próprios olhos, o que está acontecendo e como. Quero sempre saber a intensidade do que está acontecendo. Não consigo confiar no meu pessoal? Eles não são capazes de assumir a responsabilidade? Não contratei os funcionários certos? Os sistemas implantados não estão corretos? Eu me recuso a supor qualquer coisa, porque quem o fizer vai lamentar depois. Como é o ditado? Contando com o ovo dentro da galinha, eu e você podemos ficar com cara de trouxas. Não, obrigado.

Só consigo encontrar maneiras melhores, mais rápidas e mais inteligentes de fazer negócio quando confronto e controlo a mim mesmo, meu ambiente, meu pessoal, minha empresa e, finalmente, minha própria obsessão.

CAPÍTULO 12

OBCECADO PELA PERSISTÊNCIA

Tornou-se aceitável as pessoas desistirem e não irem até o fim em seus objetivos. Isso está acontecendo mesmo diante de todas as grandes histórias que temos sobre a importância da persistência, uma das grandes características do sucesso.

Aqui estão alguns exemplos de pessoas que persistiram por mais tempo do que qualquer um acharia razoável:

- Walt Disney teve financiamento recusado 302 vezes. Sua primeira empresa de animação faliu.
- O primeiro livro de Stephen King, *Carrie, A Estranha*, foi rejeitado 30 vezes. Ele até jogou o manuscrito no lixo.
- Disseram para Oprah Winfrey que ela não servia para a TV.
- Durante seu primeiro teste de elenco, Fred Astaire ouviu: "Não sabe atuar. Não sabe cantar. Um pouquinho calvo."
- O primeiro contrato de gravação da Lady Gaga foi cancelado depois de apenas um mês.
- O patrão de Howard Schultz não teve nenhum interesse em sua ideia de cafeteria e lhe vendeu o nome da marca "Starbucks".
- Steven Spielberg não foi aceito na faculdade de cinema três vezes.

- Bill Gates abandonou a faculdade em Harvard e sua primeira empresa, a Traf-O-Data, não saiu do lugar.
- As duas primeiras empresas de automóveis de Henry Ford fracassaram e o deixaram falido.
- Mark Cuban fracassou como carpinteiro, garçom e cozinheiro.

Quando as pessoas desistem, outras as confortam com solidariedade: "Você tentou", "Está tudo bem, só não deu certo", "Por que não encontra algo fácil, em que as pessoas não te maltratam e ainda valorizam seu serviço?", "Fique feliz pelo que tem." Permitem que as outras desistam.

Você não precisa ser consolado quando as coisas não saem bem. Não é de solidariedade que você precisa. Consolo não paga contas. Porque, como já enfatizei em outros capítulos, o melhor de você surge quando você sai da zona de conforto, se esforçando e forçando os limites para tornar possível o impossível.

O ÚNICO FRACASSO É DESISTIR

Quando comecei meu primeiro negócio, estava divulgando uma nova ideia com a qual estava empolgadíssimo: um programa de treinamento em vendas licenciado chamado "Information Assisted Selling" ["Venda Assistida por Informática", em tradução livre]. Eu simplesmente sabia que as pessoas me ouviriam e ficariam interessadas em comprar meu produto. Tive que montar um plano de negócio e descobri que, se apenas 10% das pessoas com quem conversasse comprassem, teria um ótimo negócio. Sabia que a ideia era sólida, a tecnologia era eficaz, o mercado precisava de algo novo e eu tinha um bom histórico. Meu mercado potencial era enorme: quase 28 milhões de empresas nos EUA dependem de vendas. *Afinal*, pensei, *quem não quer aumentar as vendas?*

Vinte e quatro horas após começar as vendas, já estava pronto para desistir. Nos dois anos seguintes, quis desistir todos os dias. Fazia ligações ativas e muita gente desligava na minha cara, me xingava, me dizia para nunca mais ligar. De vez em quando, alguém dizia: "Claro, pode vir aqui." Então, eu pegava um avião, ia até a cidade e apresentava meu produto. Também aproveitava meu tempo naquela cidade para dar continuidade ao que tratei em ligações anteriores e aparecia nas mesmas empresas que haviam dito não estarem interessadas.

Eu estava tentando convencer empresas bem-sucedidas e milionários já estabelecidos de que podiam ganhar ainda mais dinheiro e ensinar seus vendedores a fecharem ainda mais vendas. Achei que seria fácil. Não foi! Não estava conseguindo ganhar dinheiro suficiente para pagar as contas e ia quebrar rápido. Estava apavorado, não conseguia dormir bem à noite e estava lidando com uma quantidade monstruosa de relutância nas ligações.

Passando três semanas de um ponto em que qualquer pessoa teria desistido, eu ainda estava fazendo centenas de ligações por dia e visitando empresas pessoalmente, mas ninguém se interessava. Ninguém próximo a mim havia tentado o que eu estava tentando. Eu não tinha nenhum modelo para seguir, ninguém para me mostrar o caminho. As pessoas que me amavam estavam me incentivando a desistir. Eu odiava perder 90% do tempo. Já no limite do meu juízo, pensei seriamente em desistir — desistir mesmo — e voltar para um emprego como vendedor.

> Os extremamente bem-sucedidos não apenas superam seus fracassos, usam-nos como combustível para persistir.
> #SejaObcecado
> @GrantCardone

Eu me apegava às histórias de pessoas bem-sucedidas que se recusaram a desistir. Disney, Oprah, Ford, entre outros. Os obcecados se recusam a desistir. Os extremamente bem-sucedidos não só superam seus fracassos, usam-nos como combustível para persistir. Eu me inspirei na capacidade deles de se ater às suas obsessões frente ao fracasso.

J. K. Rowling, a autora de Harry Potter, falou sobre a importância do fracasso para o sucesso quando discursou para a turma de formandos de 2008, em Harvard. Ela disse ao privilegiado público: "Você pode nunca fracassar tanto quanto eu. Mas é impossível viver sem fracassar em algo, a menos que viva tão cautelosamente que pode nem mesmo ter vivido. Nesse caso, já fracassou desde o começo."

É por isso que é tão importante ter clareza de sua obsessão e é por isso também que me foquei nesse assunto no livro. Sua obsessão vai fazer você seguir em frente quando precisar de empréstimos de bancos que disseram não inicialmente, quando quiser comprar a preços que o vendedor se recusa sequer a cogitar e mesmo se quiser se casar com alguém que nunca vai querer nada com você.

Clientes em potencial vão dizer não. Investidores vão expulsá-lo da sala às gargalhadas. Os bancos não vão nem mesmo recebê-lo. Funcionários vão desistir, decepcioná-lo e talvez até te roubar. Sua família e amigos vão dizer que você é louco. Você pode ter que entrar em dívidas. Vai ter que aguentar coisas que fazem se sentir no fim. Vai receber pouco, trabalhar muito, ficar exausto e pensar que a desistência é seu oásis.

> A diferença entre sucesso e fracasso é continuar na luta quando todos já jogaram a toalha.
> #SejaObcecado
> @GrantCardone

Mas não é. Os obcecados seguem em frente.

A diferença entre sucesso e fracasso é continuar na luta quando todos já jogaram a toalha. Veja quantos times de futebol profissional vencem aos 45 minutos do segundo tempo. Eles nunca desistem e, mesmo que percam, se preparam, voltam e jogam como campeões.

Você precisa da motivação para ir até o fim, não importa o que aconteça. Não importa se você não a tem agora, porque ela pode ser desenvolvida. Aqui vão alguns exercícios para trabalhar seu músculo da persistência:

Complete toda tarefa, termine tudo que começar e pare de fugir de projetos inacabados na vida profissional e pessoal.

Quando der com a cara no muro, não se foque no obstáculo. Procure maneiras criativas de superá-lo.

Espere desistência dos outros. Embora a persistência comece e termine com você, esteja preparado para quando pessoas próximas que desistem tentarem persuadi-lo a fazer o mesmo.

Use as vitórias de ontem como combustível para persistir hoje. Mas não fique preso a elas. Em vez disso, mantenha-se interessado na próxima vitória, e na próxima etc.

Mantenha-se ocupado gerando interesse, receita ou aprendendo algo — fazendo coisas que o mantenham seguindo em frente —, porque pedra que rola não cria limo.

Nunca se acomode, nunca fique satisfeito com seus triunfos, mas use-os como combustível para fazê-lo avançar mais ainda em direção ao seu pleno potencial.

Quando se trata de sucesso, como minha mãe dizia: "Quem em desistir nunca pensa, um dia ganha a recompensa." Fique firme, não importa o que aconteça. Embora provavelmente haja coisas em sua vida das quais seria conveniente desistir, seu sucesso definitivamente não é uma delas.

> Quem em desistir nunca pensa, um dia ganha a recompensa.
> #SejaObcecado
> @GrantCardone

PERSISTA ATÉ QUE O MILAGRE ACONTEÇA

A maioria das pessoas desiste antes de um milagre acontecer.

Um dia, estava almoçando sozinho em um restaurante saudável conhecido (basicamente um lugar que servia grama de trigo e broto de feijão) em uma área badalada de Houston. Eu havia acabado de voltar de outra cidade onde tudo que consegui foi fracasso. Era por volta das 13h e eu estava dando um tempo do telefone. Lembro como se fosse ontem: estava cansado, abatido, apavorado e sem energia. Estava prestes a desistir de vez e, na manhã daquele dia, até falei para a garota com quem estava saindo: "Não sei se consigo continuar."

Enquanto almoçava, totalmente derrotado, pensei comigo "Só preciso de um sinal. Algo que me diga: ou desista, ou siga em frente. E, se eu seguir em frente, aonde vou depois? Preciso de um sinal claro do que fazer."

Nem sei para quem estava falando. Estava orando? Implorando? Ou apenas falando comigo mesmo? Ainda não sei. O que sei é que estava cheio de dúvidas, no fundo do poço. Estava tão perdido que comecei a olhar horóscopos para achar uma direção e conseguir uma orientação que pudesse determinar meu futuro. Quando você começa a depender de horóscopos, sabe que está em apuros.

Após pedir um sinal, entrei no carro para ir para casa. Comecei a dirigir e vi que a placa do carro à minha frente era de Salt Lake City. Nunca tinha ido lá e vi isso como um sinal de que deveria ir e divulgar minha próxima palestra. Sei que parece loucura, mas, naquele momento, achei que era o sinal que tinha pedido.

No estado desesperado em que me encontrava, só precisava de um empurrãozinho para continuar no jogo. Claro que isso parece maluquice, mas estava procurando qualquer coisa que me desse uma dica sobre o que fazer em seguida, aonde ir, algo que me fizesse seguir em frente, porque esse movimento é crucial para se manter obcecado.

Voltei para meu escritoriozinho de 38m², peguei o telefone e comecei a ligar para empresas em Salt Lake City. Fiz isso nos três dias seguintes. As ligações eram muito difíceis, como sempre foram, com os mesmos tipos de respostas: "Não tenho interesse", "Não me ligue de novo", "Nunca ouvi falar de você." Até que, finalmente: "Claro, venha aqui. Se tiver tempo, falo com você."

No mesmo dia, comprei a passagem de avião. No domingo seguinte, cheguei a Salt Lake City. No decorrer das semanas seguintes, meu milagre aconteceu e eu ganhei mais dinheiro em duas semanas do que havia ganhado nos últimos dois anos. Tive um estalo, entendi as coisas repentinamente, de um modo que mudou minha vida, minha carreira e meu futuro para sempre. Aquela viagem não só me possibilitou pagar minhas contas, mas financiar o resto da minha carreira, viver meu propósito de ajudar as pessoas e virar uma estrela no ramo de vendas.

Eu havia me recusado a desistir e foi uma boa decisão, porque meu milagre estava bem ali na esquina. Se você se recusa a desistir, não me importa o que esteja tentando criar, não vai fracassar. É só questão de tempo até você descobrir um jeito. Embora não tivesse me dado bem até aquele ponto, estava descobrindo o que não havia funcionado, então já sabia o que não fazer até descobrir o que fazer. Dali em diante, estava mandando bem.

A placa do carro foi um sinal milagroso? Claro que não! O fato é que eu não desisti quando pensei em fazê-lo. Tentei mais uma vez e o fiz da melhor forma possível.

Esse é seu "momento milagroso". Aquele momento em que você acha que já foi além do próprio limite, mas consegue ir mais além ainda. Quando se faz isso, há uma reviravolta.

Os que são verdadeiramente obcecados estão dispostos a persistir quando parece não haver mais sentido em fazê-lo. Fique obcecado por desenvolver a persistência como uma de suas armas poderosas e um de seus grandes bens. Porque seguir em frente nos momentos mais difíceis, mais penosos, cheios de incertezas, garante o sucesso. Quando chegar a um ponto em que todas as pessoas medianas não continuariam, coloque um pé na frente do outro e recuse-se a voltar atrás, sabendo que, quando você desiste, tem que voltar para o começo de novo.

> Os que são verdadeiramente obcecados estão dispostos a persistir quando parece não haver mais sentido em fazê-lo.
> #SejaObcecado
> @GrantCardone

PRIMEIRO FAÇA, DEPOIS CORRIJA

"Perfeccionismo" não passa de uma palavra bonita para não começar e não persistir. Quando você insiste que tudo seja perfeito, acaba esperando muito tempo, atrasa seu sucesso e nunca experimenta nada, o que, no final das contas, é o que se precisa para alcançar uma alta qualidade.

Os perfeccionistas mentem para si mesmos e disfarçam a própria falta de persistência alegando que, quando tiverem aperfeiçoado o que fazem, tudo vai dar certo. Como as pessoas conseguem ser tão delirantes e egoístas? Enquanto esperam aperfeiçoar, eu pego uma fatia de mercado delas. Seja porque o aplicativo ainda não está pronto, ainda não deram um jeito nos bugs, alguém não gosta do produto, precisam melhorar o script, blá blá blá... As pessoas sempre arrumam uma desculpa. É por isso que têm medo de falar em público ou fazer um vídeo, ser filmadas e, especialmente, dar entrevistas ao vivo. Elas querem fazer tão certo que não conseguem sequer tentar. Eu, por outro lado, só quero fazer logo e lançar.

O mercado exige que um produto ou serviço seja atualizado e modificado constantemente, seja uma cafeteira, um treinamento em vendas ou o próximo smartphone. O mercado é assim: exige persistência e recompensa apenas os que a têm, não os que são perfeitos. O truque é seguir em frente, continuar persistindo e inovando — continuar obcecado. O mercado é o único lugar em que você pode desenvolver sua capacidade e a de seu produto. Aquela economia enorme, indiferente e má só compensa os que persistem em seu meio. Ninguém faz nada direito na primeira vez.

Lançar algo com que você está obcecado, mesmo que não tenha certeza se está pronto, é melhor que lançá-lo quando tudo estiver "certo". Meus primeiros 12 programas de vendas e meus dois primeiros livros foram feitos de modo independente. Escrevi meu primeiro livro, o *Sell or Be Sold*, em três horas. Ouvi muitas críticas quando publiquei porque havia erros ortográficos, problemas gramaticais e períodos truncados. Mas, no momento em que a quarta edição estava esgotada, isso havia sido corrigido, e a capa e o título, modificados. Ele também ganhou um prêmio de "melhor livro de negócios sobre vendas" de todos os tempos. Enquanto isso, aqueles que criticaram meu livro nunca publicaram um. Agora, isso não quer dizer que quero ser desleixado, mas preciso estar disposto a entrar no mercado. Você não vai conseguir fazer direito na primeira vez, então persista, e vai acabar conseguindo.

Às vezes leva tempo para descobrir a melhor abordagem para algo que se está fazendo, e só fazendo e refazendo é que se acerta. Quantidade e frequência parecem aumentar a habilidade: mesmo depois de milhares de vezes fazendo algo, você ainda vai mudar o jeito como o faz, porque, quanto mais faz, mais entende e descobre como fazê-lo melhor.

Eu sei que funciona assim para mim. Só eu sei que meu sucesso "da noite para o dia" veio após umas 150 mil postagens em redes sociais, 78 mil tuítes, 13 mil discursos, 1,1 mil artigos, 700 entrevistas, milhares de transmissões ao vivo na internet, 3 milhões de milhas em voos, e sabe-se lá quantas ligações ativas. O acúmulo de toda essa tentativa e erro é o que me fez "estourar".

> Persista e um dia vai se aperfeiçoar. Depois, persista ainda mais e vai descobrir que o que você achava que estava perfeito era uma piada.
> #SejaObcecado
> @GrantCardone

Melhor cair para frente que nunca nem tentar porque você quer que sua primeira tentativa seja perfeita (o que não vai acontecer, de qualquer forma). Persista e um dia vai se aperfeiçoar. Depois, persista ainda mais e vai descobrir que o que você achava que estava perfeito era uma piada. A obsessão é um ciclo.

NÃO HÁ DESCULPAS PARA NÃO PERSISTIR

A obstinação diante de contratempos, desafios, chorões, desistentes, decepções, erros, distrações, crises e besteiras idiotas é parte do jogo para todos. Pare de ter pena de si mesmo, pare de reclamar e aja como um chefe.

A persistência é a características das lendas, dos grandes e dos gênios que foram chamados de loucos porque não desistiram quando uma pessoa mediana desistiria.

Quando você insiste para além do ponto em que os outros desistiriam, independente do resultado, seu poder, autoconfiança, criatividade e habilidade automaticamente se inflamam. Isso acontece porque, em face de todas essas dificuldades, você descobre como é forte e resiliente. Isso é essencial. Toda vez que persiste, tem outra história para contar, uma história de quem você é: alguém que está um passo mais perto do pleno potencial. Quando estiver nas trincheiras, lembre-se de como essas histórias serão valiosas e preciosas no futuro.

Nos filmes, ninguém quer encarar o cara que sempre volta e ninguém consegue matar. Quanto sucesso você vai ter no futuro pode muito bem ser determinado por uma coisa: o quanto persiste em tempos difíceis.

CAPÍTULO 13
OBSESSÃO PARA SEMPRE

Comprar um jatinho foi algo que nunca sequer tinha sonhado quando era jovem e duro, ou mesmo até alguns anos atrás. Mas, após escrever *10X*, algo em mim mudou.

Sempre escrevo livros para resolver meus próprios problemas, e, com o *10X*, o problema era saber se meu propósito estava alinhado ao meu potencial e se eu estava mesmo fazendo tudo em meu poder para ser leal à minha obsessão. Enquanto fazia isso, comparei a lista quase infindável das despesas que tive para administrar meus negócios com o que precisava para atingir meu propósito. Estava viajando por toda a América do Norte e do Sul, palestrando e trabalhando. Isso custa tanto dinheiro quanto muito tempo e me tirava da minha família quando eu queria ficar com ela.

Após pensar a respeito, considerei comprar um jatinho particular — o que me daria mais controle sobre minha agenda e, consequentemente, como viver de acordo com minha obsessão. Meu contador fez os cálculos e eu também, e, não importava quantas vezes revisasse as contas, o jatinho nunca cabia no orçamento. Em minha pesquisa, todo mundo disse que a ideia era absurda, exceto por duas pessoas, que são mais bem-sucedidas que eu e têm aeronaves. Uma me disse: "Foi o melhor investimento que já fiz e não consigo entender como, não importa quantas vezes eu reveja os cálculos." O outro disse: "Foi disparado a melhor coisa que já comprei."

No fim, investi em um jatinho de porte médio — um Gulfstream G200. Mandei pintar "10X" na cauda e "365GC", o número de registro, nos dois motores (um lembrete para ser eu mesmo 365 dias por ano). Na primeira semana em posse da 10X Airlines, visitei quatro clientes em quatro cidades diferentes no mesmo dia e voltei para minha família à noite. Ninguém no meu ramo consegue chegar a um cliente mais rápido que eu. Não ligo para uma empresa de táxi aéreo para fazer um agendamento; apenas ligo para os meus pilotos e vamos embora. Como Elena me lembrou: "Não precisa fazer sentido financeiramente, desde que torne sua missão de vida possível." E torna.

O que quer que precise fazer para manter seu propósito em chamas, apenas faça. Se exigir dinheiro, que seja. Se você estiver verdadeiramente obcecado, vai valer a pena porque vai obter resultados.

O segredo para sustentar a obsessão é simples: foque seus esforços em tudo que vai incentivá-lo no longo prazo e ignore, elimine ou bloqueie tudo que o drena ou que o faz duvidar. Assuma a responsabilidade por aquilo a que dá atenção e lembre-se de que aquilo e aqueles a quem dá atenção valem mais do que com que você gasta dinheiro. Ao dinheiro, poder, fama e sucesso se segue a atenção, então, aquilo que recebe mais atenção é o que vai crescer.

O problema com essas coisas — dinheiro, poder, fama e sucesso — é que são como amantes ciumentas: elas precisam de atenção ou abandonam você. Vale a pena investir tempo para cultivá-las. Mas, lembre-se, o tempo é o único recurso não renovável que temos. Como você investe seu tempo é mais importante que como você investe seu dinheiro.

É por isso que reabastecer é uma parte importante da vida para os bem-sucedidos. Mantenha seus esforços sabendo como se revigorar, se reanimar e se empolgar em níveis cada vez mais elevados, sabendo como se manter atuando a todo vapor, o tempo todo, e o que fazer quando estiver esgotado.

SEMPRE LEVANTE E REABASTEÇA SUAS OBSESSÕES

Uma fogueira precisa de lenha, um carro precisa de gasolina, um computador precisa de eletricidade e suas obsessões precisam ser abastecidas constantemente também. E o melhor combustível para ajudá-lo a continuar obcecado pelas suas obsessões é amadurecer e modificar seus propósitos ao longo da vida.

Talvez você só pense em dinheiro em um certo ponto da vida. Tudo bem. Faça isso. Ou talvez você não ligue para dinheiro e só queira ajudar as pessoas. Faça isso. Talvez queira fazer pela autoestima ou para ganhar o respeito da comunidade. Então faça isso de forma grandiosa. Ou você pode decidir abastecer todos esses propósitos sem abrir mão de nada. Ficar obcecado com seu senso de propósito ao longo de todas as fases da vida permitirá que realize todas as coisas que deseja e fique ciente daquelas que talvez não tenha conseguido enxergar antes.

Lembre-se, ao deixar claro com o que deveria ficar obcecado, os seguintes pontos devem ser verdadeiros:

1. Vai melhorar os resultados de sua vida e da dos outros.
2. Vai levá-lo a revelar mais do seu potencial.

Então, qual é o seu potencial? É uma pergunta poderosa para manter à sua frente porque inspira mais perguntas, como "De quanto sou capaz?", "Do que preciso para atingir meu potencial?" e "O que significaria, para mim, atingir meu potencial?" Continuar tentando atingir seu pleno potencial é o tipo de combustível que permitirá a você evitar ficar perdido, complacente e satisfeito. E evita também que morra prematuramente. Entre outras ótimas perguntas para se fazer, estão:

- Por quem estou fazendo isso?
- Quantas pessoas vão se beneficiar disso?
- O que vai me manter motivado a fazer mais?

- E se qualquer coisa fosse possível?
- Quando conseguir isso, o que acontece depois?
- O que estou fazendo que não é motivado pelo meu propósito?
- Do que mais sou capaz, mas ainda não fiz?
- O que sempre quis fazer, mas acabei esquecendo?
- As pessoas próximas têm o mesmo pensamento?
- Quem está me incentivando a viver uma vida com propósito?
- Quem é um bom modelo para o que estou tentando?
- Quem próximo a mim não está vivendo com um propósito?
- O que posso fazer para ajudar os outros a alcançarem seus propósitos?

Mais cedo, falei sobre anotar meus objetivos diariamente. Além disso, pelo menos uma vez por mês, paro com um bloco de notas e uma caneta para revisar meus propósitos e ajustá-los ao meu potencial reavaliado. Geralmente faço isso com minha esposa e os mais altos executivos para que não nos tornemos complacentes com nossas vitórias e, assim, mantenhamos nossa atenção em nossas possibilidades.

Não posso deixar de bater nesta tecla: seus propósitos vão continuar a crescer, amadurecer e evoluir da mesma forma que você. Não importa o tamanho de seus sonhos agora, outras possibilidades dentro de seu potencial vão se revelar e fazer suas metas anteriores, que você achava inalcançáveis, parecerem pequenas. No momento em que você parar de ansiar por alcançar o próximo nível é quando estará em risco.

Espero que você continue obcecado com sempre descobrir mais do seu potencial, mesmo quando estiver dando seus últimos suspiros.

TRUQUES PARA OBSESSÃO

Compartilhei minha filosofia da obsessão com você e expliquei por que não só foi o fator que mudou minha vida, mas também como você pode implementar essa mentalidade e essas práticas em sua vida.

Conforme vamos terminando, quero compartilhar algumas dicas finais de como continuar vivendo e trabalhando na direção de sua obsessão.

OLHE PARA CIMA PARA FAZER NOVOS AMIGOS

Nada me inspira mais que me cercar de gente que conquistou mais do que eu e conhecer novas pessoas.

Não importa o que tenha que fazer para conquistar novos amigos e contatos, apenas não deixe de olhar para cima — não para o lado nem para baixo. Não seja amigo apenas de um banqueiro em sua cidade, você tem que conhecer o corretor de seguros mais bem-sucedido, o empresário mais bem-sucedido, os que têm conexões políticas. E continue olhando para cima. Conheça a mulher que é chamada de mais bem-sucedida empreiteira da cidade e o cara que o jornal local chama de "empreendedor do ano". Essas são as pessoas que devem estar em seu network.

Além disso, saia de casa e se associe a novos clubes. Envolva-se com caridade e doe tanto que chame atenção dos outros. E frequente eventos onde o poder se reúne. Recentemente, fui a uma conferência da J. P. Morgan em Miami. A renda líquida naquele recinto era de um quarto de trilhão de dólares. Sabia que estava no lugar certo. O simples fato de estar lá no almoço me abriu possibilidades e abasteceu minhas obsessões.

> Frequente eventos onde o poder se reúne.
> #SejaObcecado
> @GrantCardone

É tão fácil ficar sempre com as mesmas pessoas e justificar ("São como da família"), mas é crucial continuar evoluindo. Além do mais, tenho certeza de que não sou o único que fica entediado com as mesmas pessoas de sempre e as mesmas histórias de sempre (e tenho certeza de que elas se enchem de ouvir as minhas também).

FÉRIAS EM ABUNDÂNCIA

Você já leu sobre meu problema com a forma como a maioria das pessoas tira férias. Então, deve achar que sou contra qualquer tempo de férias. Nem sou.

Se vai tirar férias, que sejam baitas férias. Faça uma viagem longa, espetacular, fique nos melhores hotéis, voe de primeira classe (ou, melhor ainda, voe em jatinho particular), coma nos melhores restaurantes e se dê um tratamento de realeza, sem miséria. Se você não pode pagar pela primeira classe nem por um tempo mais longo, não está pronto para ir. Porque as férias também são uma oportunidade para crescer, aumentar seu negócio e seus contatos. Você precisa estar em lugares onde outras pessoas obcecadas se reúnem. E, sinto muito, se o hotel que for reservar oferece café da manhã grátis... não é o lugar onde deveria estar.

> Você precisa estar em lugares onde outras pessoas obcecadas se reúnem. **#SejaObcecado @GrantCardone**

Recentemente, Elena e eu nos recompensamos com uma viagem, sem as crianças, para Paris e Barcelona, após um tour de palestras no leste europeu. Fizemos direito. E nos colocamos em uma posição em que não apenas desfrutamos da viagem, mas fizemos contatos valiosos. Ficamos nos melhores lugares, comemos nos melhores restaurantes e nos demos uma chance de reabastecer, "reiniciar" e ter uma overdose de férias para não voltar para casa querendo mais.

CONSIGA UM MENTOR

Vale a pena trabalhar com um coach ou alguém que possa levá-lo a outro patamar. Já gastei centenas de milhares de dólares por ano comprando o tempo de alguém para me ajudar a atingir um novo nível e me impulsionar para alcançar meu pleno potencial. Neste momento, tenho dois coaches: um cuja função é me conectar com outros players poderosos e outro que consegue apontar meus pontos cegos na carreira e na vida.

Preciso me cercar de pessoas em quem confio e respeito, que pensam grande e podem me ajudar a chegar aonde quero. Você acha que só pode correr até uma determinada velocidade, mas pegue um cronômetro e arranje alguém que o puxe (um líder de torcida) e vai fazer mais do que já achou possível.

Não vai doer ter alguém puxando, torcendo e, sim, até empurrando você. Meus mentores e coaches foram inestimáveis para mim.

FAÇA PESQUISA DE PREÇOS FORA DE SEU ORÇAMENTO

Fiz pesquisas de preço fora do meu orçamento a minha vida inteira. Agora mesmo, estou olhando uma casa de US$40 milhões em Coral Gables; um apartamento de US$280 milhões em Miami; e um Gulfstream, de US$65 milhões — não vou comprar nenhum (exceto, talvez, os apartamentos).

Aos 25 anos, eu morava em um lugar que custava US$275 por mês e atrasava o aluguel quase todo mês. Desde então, venho fazendo pesquisa de preço de mansões, carros e relógios de luxo, além de outras comodidades que estão bem além do meu orçamento. É uma forma de me manter motivado.

Quando morava em Houston, olhava casas em River Oaks (área nobre da cidade). Quando morava em Los Angeles, olhava casas em Beverly Hills que estavam fora do meu orçamento. Quando me mudei para Miami, continuei fazendo a mesma coisa, olhando iates de US$200 milhões, sem nenhuma intenção de comprá-lo, apenas me deixando impressionar e abastecendo minhas obsessões. Pode parecer um joguinho bobo e imaturo, mas dá certo para mim.

INVISTA EM EDUCAÇÃO

Se tem uma coisa certa que fiz para continuar abastecendo minha obsessão foi seguir investindo em minha própria educação e desenvolvimento.

Quando tinha 25 anos, investi US$3 mil para aprender a ser vendedor profissional. Aquela decisão foi responsável pelo meu primeiro negócio. Hoje, invisto quase 10% do meu tempo e renda em programas de treinamento, conferências, coaches, livros, entre outros. Pode parecer muito investir 36 dias do ano e 10% da minha renda em me aprimorar, mas não acho. Eu mereço. Recuso-me a ser burro. Recuso-me a não saber. Recuso-me a dar desculpas de que não tenho tempo ou que sou ocupado demais. Os melhores encontram tempo para garantir que vão continuar sendo os melhores. Não importa como esteja bem na vida ou nos negócios, sei que sempre posso aprender mais.

> A educação tem um resultado totalmente diferente quando você pode escolher o que aprender.
> #SejaObcecado
> @GrantCardone

A maioria das pessoas não arranja tempo para aprender mais porque suas experiências anteriores com a educação foram uma perda de tempo. A educação tem um resultado totalmente diferente quando você pode escolher o que aprender e sabe o que precisa aprender para se aprimorar. E, lembre-se, tempo não é mais uma desculpa, porque os obcecados arranjam tempo, não desculpas.

PRESTE ATENÇÃO À SAÚDE FÍSICA

Tão importante quanto manter minha mente afiada, também acredito que preciso estar em boa saúde e forma físicas para alcançar meu potencial. Você não consegue ficar obcecado se estiver acima do peso, sem energia e com dores no corpo porque passa tempo demais em uma poltrona.

Dito isso, não sou bom em malhar só por malhar. Mas me dê tempos curtos com metas específicas e fico muito empolgado para entrar em excelente forma. Tento atingir um determinado número — de repetições, de quilos levantados — em uma dada semana. Sou um cara que gosta de gratificação imediata e quer ver resultados e, se tiver que malhar duas vezes por dia durante uma semana para ver esses resultados, beleza.

SEJA CARIDOSO

Uma das razões pelas quais me esforço tanto em meu negócio imobiliário, minha empresa de consultoria e nos livros, programas em áudio, produtos motivacionais malucos e palestras é para poder usar o dinheiro a fim de fazer a diferença positivamente. Meu amigo Bob Duggan, um CEO que está na lista da *Forbes* 400, me disse: "Grant, doar dinheiro para a caridade é um investimento, não uma contribuição." Este ano, doei quase 30% da minha renda bruta para a caridade.

Ser caridoso não se limita a doar dinheiro, também significa doar seu tempo, energia, inteligência e inspiração. Faço questão de palestrar em escolas de ensino médio, faculdades, igrejas de qualquer fé e para os militares tanto quanto possível. Recentemente palestrei para uma congregação sobre a importância da educação financeira e da adimplência. Assim que acabar este capítulo, vou pegar um avião para a Guatemala, pagando do meu próprio bolso, para falar ao Ministério da Educação do país sobre como levar a CardoneU a milhões de pessoas na América Central.

Procure problemas neste mundo em que possa ajudar e vá fazer isso. Sou veemente quando se trata de expor a verdade sobre as drogas, não apenas as ilícitas, mas também as vendidas em farmácia. Então, uso meu tempo, minha energia e minhas plataformas para conscientizar sobre essa epidemia e trabalho com ótimos grupos, como a Comissão dos Cidadãos para os Direitos Humanos (CCHR) para despertar a consciência sobre ela e combatê-la.

> Procure problemas neste mundo em que possa ajudar e vá fazer isso.
> #SejaObcecado
> @GrantCardone

FAÇA MAIS ALÉM DE LER ESTE LIVRO

Você pode ler este livro — ou qualquer livro de negócio — e ficar empolgado no momento. Mas ser obcecado não é uma ideia pequena e você vai encontrar resistência. Isso não é uma conferência de fim de semana em que você pisa em brasas, atira flechas curvas e quebra tábuas.

Isto é obsessão. Você está recebendo permissão, provavelmente pela primeira vez na vida, para entrar com tudo e ser um louco. Manter obsessões saudáveis, voluntárias, ter tudo e fazer grandes coisas exige mais que um livro. Exige um comprometimento tremendo, clareza, autoconfiança, sacrifício e persistência, além de vontade de pertencer a uma pequena minoria, ou mesmo ser impopular.

Não importa o que esteja acontecendo no mundo lá fora, com a mídia ou a política, sua obsessão vai ter que continuar o motivando para muito além das decepções e mais ainda depois de conquistar vitórias. Dia após dia, semana após semana, trimestre após trimestre, ano após ano, sua obsessão pode continuar a motivá-lo.

Use este livro para desfazer a mentalidade mediana daqueles com quem mora, dos que trabalham com você e mesmo de seus clientes. Porque, após decidir seriamente a ser obcecado e ter clareza de sua obsessão, é crucial que aqueles ao seu redor o apoiem. Sua parceira pode querer uma casinha simples, um golden retriever e que você esteja em casa às 17h para assistir a maratonas na TV no fim de semana. Pode até viver falando sobre simplesmente ser feliz.

Colocar sua parceira no caminho da obsessão é difícil. Exige um plano e uma conversa com ela. Pode ser o maior desafio de ser obcecado, e você deve se preparar para fazer "a maior venda" da sua vida.

A obsessão também não é só um jogo mental. É um jogo completo, que envolve aspectos físicos, espirituais, emocionais, familiares e financeiros. Você tem que estar em ótima forma em cada um desses aspectos para jogar e continuar no jogo, porque as forças malignas da mediocridade, da prepotência, da normalidade e da complacência estão atuando contra você.

E mais, use este livro para fazer todos ao seu redor estarem de acordo com você. Se quiser descobrir quem é capaz de fazê-lo, peça para ler o livro. A maioria não vai conseguir terminar. Mas outros vão despertar e se converter.

Use o livro como um filtro para descobrir se as pessoas estão dispostas a fazer parte de sua equipe e de sua vida. A maioria não vai aceitar o desafio — ele não é para todos. Mas é para mim e espero que seja também para você.

Mande um alô em sua rede social preferida com a mensagem: "*I am obsessed and refuse to have an average life.* #BeObsessed" (Sou obcecado e me recuso a ter uma vida mediana. #SejaObcecado), e vou saber que leu meu livro. No Twitter, no Snapchat, no YouTube e no LinkedIn, eu sou @GrantCardone (ou apenas faça uma busca por "Grant Cardone"). Venha e se junte ao movimento Obcecado.

Se precisar de qualquer coisa, não hesite em procurar um membro de minha equipe. Adoraríamos ter o privilégio de orientá-lo e atendê-lo, seja usando nossos materiais de treinamento, apresentando um *keynote* ao vivo em sua empresa, trabalhando com a escola ou faculdade dos seus filhos, falando em sua igreja ou fazendo uma palestra virtual para o seu pessoal. E, se tiver alguma pergunta que eu possa responder, pode contar comigo.

RECURSOS

Todos os conteúdos indicados são em inglês.

CARDONEUNIVERSITY.COM

A Cardone University é o sistema de vendas número um do mundo. Ela oferece o currículo de treinamento em vendas mais extenso da web hoje. Com mais de 30 anos de experiência em vendas, Grant Cardone fornece uma ferramenta dinâmica de treinamento em vendas para uso em qualquer situação, tanto para equipes como para indivíduos.

PARA DICAS GRATUITAS DE VENDA E MOTIVAÇÃO, SIGA O GRANT!

Twitter: @GrantCardone
Facebook: /GrantCardoneFan
Snapchat: /GrantCardone

GRANTCARDONETV.COM

A Grand Cardone TV oferece uma programação (em inglês) feita especialmente para empreendedores, proprietários de negócios, quem corre atrás, start-ups, organizações de vendas e pessoas com a mente voltada para o sucesso que querem controlar a fonte de suas notícias e soluções. Esse canal é para aqueles que se recusam a ser espectadores e exigem estar no controle do conteúdo que recebem, entendendo que os resultados da vida são literalmente os pensamentos que consomem. Siga a Grant Cardone TV no Twitter: @grantcardonetv.

GLOSSÁRIO

As palavras são os blocos de construção da comunicação e, para garantir que você tire o máximo de proveito deste livro, quero que saiba exatamente o que significam as que uso ao longo dele.

Neste glossário, tenho minha definição específica para cada palavra que uso, seguida da definição do dicionário Merriam-Webster. Também incluí a origem e derivação de cada termo (em inglês) para ajudá-lo a entender o sentido completo da palavra e de onde veio.

AUTOCONFIANÇA (*CONFIDENCE*)

Minha definição: Crença em si mesmo e capacidade de dominar uma área e tudo dentro dela.

Definição do Merriam-Webster: Sensação ou crença de que algo ou alguém é bom ou tem a capacidade de ter sucesso em algo; sensação ou consciência do poder de alguém ou de confiança nas circunstâncias.

Origem: Inglês médio (ânglico-escocês), do latim *confidere*, de *com-* + *fidere* (confiar).

Primeiro uso de que se tem notícia: Século XV.

CLAREZA (CLARITY)

Minha definição: Entender plenamente, sem viés ou confusão.
Definição do Merriam-Webster: A qualidade de ser facilmente entendido.
Origem: Inglês médio *clarite*, do latim *claritat-*, *claritas*, de *clarus*.
Primeiro uso de que se tem notícia: 1616.

COMBUSTÍVEL (FUEL)

Minha definição: Uma fonte de energia e impulso para impeli-lo rumo ao seu propósito, objetivos ou futuro.
Definição do Merriam-Webster: Algo que dá apoio ou força a algo.
Origem: Inglês médio *fewel*, do anglo-francês *fuail*, *feuaile*, do latim vulgar *focalia*, do latim *focus* (fornalha).
Primeiro uso de que se tem notícia: Século XIII.

COMPROMISSO (COMMITMENT)

Minha definição: Devotar-se completamente a algo, não se permitindo nenhum espaço para "talvez"; decidir tomar certo curso de ação não importando os obstáculos ou bloqueios com que possa se deparar; prometer se manter no rumo e nunca se permitir qualquer ideia sobre desistir ou abandoná-lo.
Definição do Merriam-Webster: Um acordo ou garantia de fazer algo no futuro.
Origem: Inglês médio *committen*, do anglo-francês *committer*, do latim *committere* (conectar, confiar a), de *com-* + *mittere* (enviar).
Primeiro uso de que se tem notícia: Século XIV.

CONQUISTA (ACCOMPLISHMENT)

Minha definição: Uma vitória que está fora de alcance neste momento, criando um futuro poderoso para impulsioná-lo rumo à sua realização.

Definição do Merriam-Webster: A conclusão bem-sucedida de algo; o ato de realizar algo; uma habilidade ou capacidade adquirida por prática ou treinamento.

Origem: Inglês médio *accomplisshen*, do anglo-francês *accompliss-* (raiz de *accomplir*), do latim vulgar *accomplēre*, do latim *ad-* + *complēre* (preencher).

Primeiro uso de que se tem notícia: Século XIV.

DESAFIAR (CHALLENGE)

Minha definição: Crescer até se tornar uma ameaça a tudo que é mediano.

Definição do Merriam-Webster: Confrontar ou afrontar audaciosamente; questionar, especialmente o que é injusto, inválido ou ultrapassado.

Origem: Inglês médio *chalengen* (acusar), do anglo-francês *chalenger*, do latim *calumniari* (acusar falsamente), de *calumnia* (calúnia).

Primeiro uso de que se tem notícia: Século XIII.

DESTINO (DESTINY)

Minha definição: A vida predestinada que você deve conquistar.

Definição do Merriam-Webster: Um curso de eventos predeterminado frequentemente considerado um poder ou força irresistível.

Origem: Inglês médio *destinee*, do anglo-francês, do feminino de *destiné* (particípio passado de *destiner*).

Primeiro uso de que se tem notícia: Século XIV.

MISSÃO (MISSION)

Minha definição: Qualquer tarefa ou obrigação motivada por um propósito que é designado ou autoimposto.

Definição do Merriam-Webster: Uma tarefa específica da qual uma pessoa ou grupo é encarregada (o); um objetivo ou propósito preestabelecido e muitas vezes autoimposto.

Origem: Latim novo *mission-*, *missio* (missão religiosa), do latim medieval, tarefa designada, do latim, ato de enviar, de *mittere* (enviar).

Primeiro uso de que se tem notícia: 1530.

OBJETIVO (GOAL)

Minha definição: Uma meta que você busca alcançar.

Definição do Merriam-Webster: O fim a que se destina um esforço.

Origem: Inglês médio *gol* (fronteira, limite)

Primeiro uso de que se tem notícia: 1531.

OBCECAR (OBSESS)

Minha definição: Ter pensamentos, sentimentos ou desejos dominantes de persistentemente aplicar ação na vida para se tornar bem-sucedido.

Definição do Merriam-Webster: Assombrar ou preocupar a mente excessivamente.

Origem: Do latim *obsessus*, particípio passado de *obsidēre* (frequentar, sitiar), de *ob-* (contra) + *sedēre* (sentar-se), inglês médio tardio (no sentido de "assombrar, se apossar", referindo-se a um espírito maligno).

Primeiro uso de que se tem notícia: 1531.

OBSESSÃO (OBSESSION)

Minha definição: Aqueles sonhos e objetivos que você deseja conquistar tão intensamente que lhe dão o ímpeto, o impulso e a energia necessários para construir a vida que merece e com que sonha.

Definição do Merriam-Webster: Uma perturbadora preocupação persistente com uma ideia ou sentimento muitas vezes desproporcionais.

Origem: Do latim *obsessio(n-)*, do verbo *obsidere*.

Primeiro uso de que se tem notícia: Início do século XVI (no sentido de "sitiar").

OBSTÁCULO (OBSTACLE)

Minha definição: Algo ou alguém que impede o progresso.

Definição do Merriam-Webster: Um objeto que se tem que contornar ou pular; algo que bloqueia o caminho de alguém.

Origem: Do inglês médio, através do francês arcaico vindo do latim *obstaculum*, de *obstare* (impedir), de *ob-* (contra) + *stare* (ficar).

Primeiro uso de que se tem notícia: Século XIV.

PERSISTÊNCIA (PERSISTENCE)

Minha definição: A motivação para completar algo, não importa o que aconteça (a persistência é um "músculo" que pode ser desenvolvido; veja o Capítulo 12).

Definição do Merriam-Webster: A qualidade que permite a alguém continuar a fazer algo ou tentar fazer algo, ainda que seja difícil ou que haja oposição de outrem.

Origem: Do francês médio *persister*, do latim *persistere*, de *per-* + *sistere* (tomar uma atitude, ficar firme); similar ao latim *stare* (ficar de pé).

Primeiro uso de que se tem notícia: 1546.

POTENCIAL (POTENTIAL)

Minha definição: O que alguém é **capaz** de fazer e se tornar; a grandeza dentro de si.

Definição do Merriam-Webster: Capaz de tornar-se real; existente em possibilidade.

Origem: do inglês médio *potencial*, do latim tardio *potentialis*, de *potentia* (potencialidade), do latim *potent-*, *potens* (poder).

Primeiro uso de que se tem notícia: Século XIV.

PROPÓSITO (PURPOSE)

Minha definição: A razão para que algo seja feito.

Definição do Merriam-Webster: A razão pela qual algo é feito ou utilizado; o objetivo ou intenção de algo.

Origem: Do inglês médio *purpos*, do anglo-francês, de *purposer* (pretender, propor), do latim *proponere* (perfeito do indicativo *proposui*) (propor).

Primeiro uso de que se tem notícia: Século XIV.

SUCESSO (SUCCESS)

Minha definição: Ter alcançado objetivos.

Definição do Merriam-Webster: O fato de obter ou conseguir riqueza, respeito ou fama; o resultado correto ou desejado de uma tentativa.

Origem: Do inglês médio *succeden*, do anglo-francês *succeeder*, do latim *succedere* (subir, suceder a, seguir), de *suc-* (perto) + *cedere* (ir).

Primeiro uso de que se tem notícia: Século XIV.

TUDO (ALL)

Minha definição: A mentalidade de ser completamente obcecado com e focado em fazer o que for preciso para ter uma vida bem-sucedida; estar disposto a "queimar navios" e não se permitir ter estratégias de saída; estar disposto a fazer o que for preciso para atingir sua meta.

Definição do Merriam-Webster: O total das posses, energia ou interesse de alguém; usa-se para se referir à quantidade total ou alcance de um grupo ou coisa em particular.

Origem: Do inglês médio *all*, *al*, do inglês arcaico *eall*; similar ao alto-alemão antigo *all* (tudo).

Primeiro uso de que se tem notícia: Antes do século XII.

REFERÊNCIAS

CAPÍTULO 2: A OBSESSÃO É SUA ÚNICA OPÇÃO

29 **Estudos do Bankrate.com:** "June 2013 Financial Security Index Charts", Bankrate.com, 24 de junho de 2013, www.bankrate.com/finance/consumer-index/financial-security-charts-0613.aspx.

29 **Segundo o Washington Post, em 2012:** Brad Plumer, "Who Receives Government Benefits, in Six Charts", WashingtonPost.com, 18 de dezembro 2012, www.washingtonpost.com/news/wonk/wp/2012/09/18/who-receives-benefits-from-the-federal-government-in-six-charts/.

29 **Segundo a Forbes:** Jason Nazar, "16 Surprising Statistics About Small Businesses", Forbes.com, 9 de setembro de 2013, www.forbes.com/sites/jasonnazar/2013/09/09/6-surprising-statistics-about-small-businesses/#2aded1033078.

29 **O mesmo estudo:** Jason Nazar, "16 Surprising Statistics About Small Businesses", Forbes.com, 9 de setembro de 2013, www.forbes.com/sites/jasonnazar/2013/09/09/6-surprising-statistics-about-small-businesses/#2aded1033078.

29 **Segundo o MarketWatch:** Jillian Berman, "Watch America's Student-Loan Debt Grow 2,726 Every Second", MarketWatch.com, 30 de janeiro de 2016, www.marketwatch.com/story/every-second-americans-get-buried-under-another-3055-in-student-loan-debt-2015-06-10.

29 **Segundo um estudo:** "One-Third of College-Educated Workers Do Not Work in Occupations Related to Their College Major", CareerBuilder.com, 14 de novembro de 2013, www.careerbuilder.com/share/aboutus/pressreleasesdetail.aspx?sd=11%2f14%2f2013& siteid=cbpr& sc_cmp1= cb_pr790_& id=pr790&ed=12%2f31%2f2013.

29 **Nós financiamos "o sonho americano":** "When the Economy Becomes a Financial Circus Based on Debt Fueled Acrobatics: Lessons from the Great Depression Part 34: Tracking Housing Values from 1940 to 2011", DoctorHousingBubble.com, 17 de junho de 2011, ww.doctorhousingbubble.com/economy-becomes-financial-circus-based-debt-fueled-acrobatics-lessons-from-the-great-depression-home-values-1940-to-2011/.

29 **Segundo a Gallup:** Carmine Gallo, "70% of Your Employees Hate Their Jobs", Forbes.com, 11 de novembro de 2011, www.forbes.com/sites/carminegallo/2011/11/11/your-emotionally-disconnected-employees/#7d0c947ce89b.

CAPÍTULO 5: MATE A DÚVIDA DE FOME

84 **Segundo a Excelacom:** Kelly Leboeuf, "2016 Update: What Happens in One Internet Minute?", Excelacom.com, 29 de fevereiro de 2016, www.excelacom.com/resources/blog/2016-update-what-happens-in-one-internet-minute.

CAPÍTULO 8: OBCECADO POR VENDAS

133 **Recentemente vi uma pesquisa:** http://www.inc.com/guides/201105/what-to-do-when-a-sales-representative-misses-quota.html.

CAPÍTULO 9: PROMETA MUITO E FAÇA ACONTECER

153 **Uma pesquisa da American Express:** "Good Service Is Good Business: American Consumers Willing to Spend More with Companies That Get Service Right, According to American Express Survey", AmericanExpress.com, 3 de maio de 2011, http://about.americanexpress.com/news/pr/2011/csbar.aspx.

153 **Segundo um estudo de 2014:** "2014 Global Customer Service Barometer", AmericanExpress.com, 2014, http://about.americanexpress.com/news/docs/2014x/2014-global-customer-service-barometer-us.pdf.

153 **Por Ruby Newell-Legner:** The Cliffedge Crew, "Turn a Negative Customer Experience into a Positive One", CliffedgeMarketing.com, 29 de outubro de 2014. www.cliffedgemarketing.com/blog/turn-a-negative-customer-experience-into-a-positive-one/.

153 **Órgão da Casa Branca:** Holly Chessman, "Why Invest in Improving Customer Experience?", Glance.net, 5 de janeiro de 2016, ww2.glance.net/2016/01/why-invest-in-improving-customer-experience/.

CAPÍTULO 10: MONTE UMA EQUIPE OBCECADA

161 **Forbes sugere que 75%:** Jason Nazar, "16 Surprising Statistics About Small Businesses", Forbes.com, 9 de setembro de 2013, www.forbes.com/sites/jasonnazar/2013/09/09/16-surprising-statistics-about-small-businesses/#2aded1033078.

163 **Segundo um estudo da Gallup:** Steve Crabtree, "Worldwide, 13% of Employees Are Engaged at Work", Gallup.com, 8 de outubro de 2013, www.gallup.com/poll/165269/worldwide-employees-engaged-work.aspx.

174 **Um estudo de 2012 da Forbes:** Jeanne Meister, "Job Hopping Is the 'New Normal' for Millennials: Three Ways to Prevent a Human Resource Nightmare", Forbes.com, 14 de agosto de 2012, www.forbes.com/sites/jeannemeister/2012/08/14/job-hopping-is-the-new-normal-for-millennials-three-ways-to-prevent-a-human-resource-nightmare/#78b9d0485508.

174 **Um relatório da PayScale:** "Gen Y on the Job", PayScale.com, www.payscale.com/gen-y-at-work.

174 **Uma pesquisa de 2013:** Dan Schawbel, "Millennial Branding and Beyond.com Survey Reveals the Rising Cost of Hiring Workers from the Millennial Generation", 6 de agosto de 2013, millennialbranding.com/category/blog/page/4/.

174 **Um estudo de 2014:** Ann Bares, "2014 Turnover Rates by Industry", CompensationForce.com, 27 de março de 2015, www.compensationforce.com/2015/03/2014-turnover-rates-by-industry.html.